U0007315

與魔鬼聊天

為什麼邪惡可能是種美德？最強魔鬼生存法則

悪魔とのおしゃべり

佐藤蜜郎さとうみつろう——著

劉格安——譯

能夠理解的建議，

根本沒有聽的意義。

「我想交女朋友。」
「我想要錢。」
「我想一輩子不工作。」

這些一般人都有的願望，
他也有，
而且與一般人一樣，
他無法如願以償。

身為大四生的他，
在新綠剛從白雪冒出頭的五月札幌街道上，
遭遇了一件，
「與一般人都不一樣的事」。

札幌的二手書店
雖然找到工作了，但真想就這樣一直遊手好閒啊～
蜜郎（大學四年級）
對了！說不定會有「不工作入門」的書吧。
入門、入門、「不工作入門」…嗯？《黑暗能量入門》？最新的宇宙論嗎？可是看起來舊舊的…
革命
生存之道
黑暗能量入門
與神聊天
……
黑暗能量入門
包你每天約會滿滿！
錢滾滾而來！
一輩子吃喝玩樂！

讓我瞧瞧，只要掌握黑暗能量，任何願望都能在一秒之內實現⋯真的假的？

不好意思，請問這本書多少錢？

¥0-
咦？我們有這麼舊的書啊？這樣就免費送你吧。
不過如果有用的話，記得拿來還喔！畢竟二手書店就是為了造福下一個人而存在的啊。

嘎
嘎

當天晚上——
蜜郎的房間

只有魔鬼知道，
讓世上一切
都如我所願的方法。
現身吧！
黑暗能量！

我在幹麼啊…
明年就要出社會了，
竟然還被一本詭異的書騙，
在房間裡鬼吼鬼叫的，
全世界八成只有我會說
「現身吧」這種鬼話…
什麼跟什麼嘛，
還「現身吧」哩。

還是把心思放在工作上吧！
免得被公司發現我這蠢樣，
萬一不雇用我了怎麼辦？
反正這世界上才不會有什麼
改變現實的魔法大絕。

啪嗒

十三年的光陰過去，
進入職場
哇~~~
離開職場
到了第十四年的某一天——

讓你久等啦！

這啥鬼？
模型竟然會講話！
是孩子們買的新玩具嗎？
我才不是什麼玩具！
不就是你召喚我的嗎？
就在十四年前的今天。

蛤？祢在說什麼啊？

你大學時許過願，
說想交女朋友、想要錢、
想一輩子吃喝玩樂啊！
還拿到一本可以一秒實現
這些願望的魔法書，
你還大喊：「現身吧！」

別說女朋友了，
我現在都有老婆跟
兩個小孩了耶。
而且我現在比大學時
更有錢，也沒在外面
上班，每天自由自在
的，所以「不想工作」
的夢想也實現啦。
好小～

更何況…
怎樣？

那本書的賣點是「一秒就能實現」嗎？
祢怎麼能在十四年後一臉無關緊要地說：「我來幫你實現願望囉♪」那「一秒」是講爽的啊！
連那些成功法則書都說只要兩、三年就能實現了耶？我許的願望早就靠自己實現了好嗎！

不，我來得正好。從今天起我就收你為「惡」的手下吧。抱歉，讓你久等啦。

我就說我沒在等祢了！
我早忘得一乾二淨，完全想不起來！況且，我才不要當惡的手下！

為什麼你討厭惡啊？你們人類明明內心都「想做」壞事！不然為什麼名人搞婚外情會被大肆撻伐？就是因為你們羨慕那些傢伙可以隨心所欲地做你們「想做」卻忍耐不去做的事，所以才去批判人家。
「直擊婚外情現場！！」
才不是因為羨慕哩！是因為違反道德倫常，所以才批判的好嗎！

道德
道德？從你相信那種詭異的宗教以來，有發生過任何好事嗎？你講得出任何一個因為乖乖聽父母、學校、老師的話，而過得幸福快樂的人嗎？

呃……
你這樣一說，還真的講不出來。雖然大家都很「努力忍耐」，看起來卻不快樂。

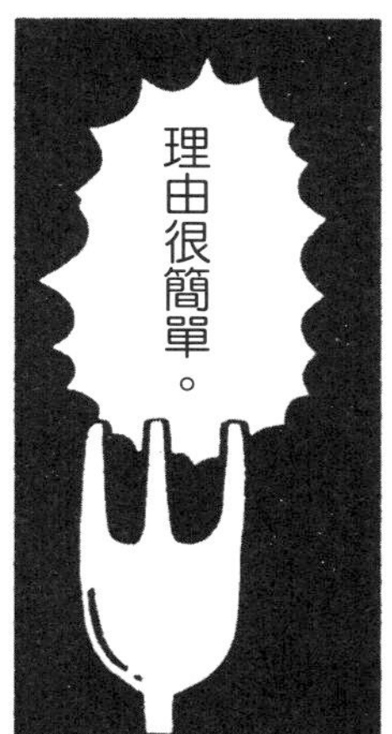

理由很簡單。

因為大家都錯了！
老師、學校或道德教訓根本都是錯的。
但是你放心吧！
我們邪惡軍團比敵方勢力更懂得如何用：
①確實
②快速
③簡單
的方法來滿足你們的願望。

啪！
啪！

可是祢在「快速」這點
已經完全讓人失去信心，
居然還能這麼有自信…
果真邪惡！
盯

反對魔鬼
反對魔鬼
我是絕對不會成為「惡」的一員！
我要顧及世人和父母的眼光！
就算花更多時間，
我也會用惡以外的正當方法
活下去！
反對

不過…
如果祢給我三億圓，
那就另當別論了！

反對魔鬼

蛤？
你剛說啥？

我說~我絕對不會成為「惡」的手下，但如果祢給我三億圓，我就考慮考慮，啊如果給我十億圓，我馬上回答祢ＹＥＳ。
咚！
好啦，我再重複一次，我是絕對不會成為「惡」的手下的！
你在跟「惡」討價還價嗎？有意思！有件事我可要提醒你！如果你成為「惡」的手下，別說十億圓了，連全世界的財富與名聲都會是你的！
嘻嘻嘻！嘻嘻！
咿——
全、全世界的財富與名聲？請受小弟一拜！

於是，早已厭倦世上所有
「老套教條」或
「道德至上成功法則」的這位青年，
也就是本書的主角，
完全陷入了「惡」的誘惑。

只是，本書要開門見山地告訴你，
主角所乘的那艘船，
即將航向的是天堂而非地獄。

目次

第3章
人類套裝

第4章
身體是神殿

第5章 造反的御守

第6章 宣示主權的蘋果

第7章 好時光狂熱分子

第 8 章

宇宙系統的誕生

第9章

世界是場自我催眠大賽

第10章

讓運氣變差的好方法

第11章

你是宇宙的不求人

第12章

你一點錯也沒有

第13章 超越正當性

※為了方便區分，在這個故事中凡是眼睛看得見的部分，第一人稱都採用「我」；而思考或內心等眼睛看不見的部分，第一人稱則採用「㊋」。

第1章

懷疑正當性

你的痛苦全都來自正當性

蜜郎　話說，祢究竟是何方神聖，竟然能夠面不改色地說出「成為『惡』的手下」？

魔鬼　朕非何方神聖，朕乃能量。正確來說，是「能量的一部分」。

蜜郎　朕？祢剛剛是說「朕」嗎？這個「朕」的殺傷力可真強，把祢後面說的什麼能量、「八成比前面還重要百倍」的部分，全都推翻到九霄雲外去了！朕？

魔鬼　我視自身的存在為理所當然，並對此深感自豪，所以不使用任何貶低自我的詞彙。**不然，你不妨查查字典，看日本人用來代稱自己的「僕」是什麼意思。**

蜜郎　字典？祢確定要我在這裡拿出字典嗎？

魔鬼　有何不可？

蜜郎　如果「字典」上有寫到誰使用過「朕」，那大概只有拿破崙了吧。他不是說「在朕的字典裡，沒有神這個字」。

魔鬼　你還真是囉唆啊。聽好了，「僕」就是「僕人」的「僕」。簡而言之，用「僕」的傢伙都是給人跑腿的。朕乃萬物之主，不服侍任何人。

蜜郎　喔，祢高興就好啦。可是要稱呼祢為「能量的一部分」先生，這名字又太長了……

魔鬼　既然這樣，就稱我為「閣下」吧。

蜜郎　「閣下」？祢叫我稱祢為閣下嗎？抱歉，這我做不到，好歹我也是個有信念的人。

魔鬼　啥？什麼信念？

蜜郎　除了著名搖滾樂團聖飢魔II的主唱小暮閣下，我不想稱其他人為「閣下」……

魔鬼　你堅持的點還真難捉摸，信不信把你變成蠟像！

蜜郎　喔喔！這句接得不錯喔！竟然隨口就能說出小暮閣下的經典台詞。那接下來就拜託祢說「年齡是十萬零五十四歲」囉。

魔鬼　別得意忘形，當心我把你變不見！

蜜郎　閣下，這恐嚇太可怕了啦。明明長得那麼迷你可愛，怎麼會說出「把你變不見！」這種恐怖的話……

魔鬼　**小，不代表「脆弱」。**

善，不見得是「好的」。

惡，也不一定就是「壞的」。

蜜郎　不，惡就是「壞的」吧，意思一樣啊。

魔鬼　那是因為你認為它是壞的，才會往「壞的」方向去想。

即便是「惡」，只要往好的方向利用即可。這麼一來，那個「惡」就會變成「好的」。說起來，你可曾看過哪個人因為一直做父母或老師教導的「善事」而幸福嗎？

蜜郎　明明世界上有滿坑滿谷的「正當教誨」，但世界還不是充斥著不滿？這就是「正當性」無法拯救世界的最佳證據。**反而是「正當性」把世界搞得烏煙瘴氣**。

魔鬼　說什麼蠢話，難道是「正當性」把世界搞得烏煙瘴氣？

蜜郎　沒錯，就是「正當性」把你們人類搞得苦不堪言。比方說，你覺得為什麼有個男孩順手牽羊，他回家後內心會充滿罪惡感？

魔鬼　因為他無法抗拒誘惑，做了「壞事」。他的修行還不夠。

蜜郎　錯！他會對「順手牽羊」產生罪惡感，是因為有人灌輸他「順手牽羊是壞事」。**之所以會產生痛苦，都是因為有「正當教誨」的關係**。

魔鬼　蛤？

蜜郎　貓叼走攤子上的魚，但牠不會有罪惡感，因為從來沒有人告訴貓順手牽羊是「壞事」。明白嗎？**因為先有「正當教誨」，你們人類才會因為那根深蒂固的「正當」觀念而感到痛苦**。

魔鬼　或許你們學到的觀念是「魔鬼的誘惑折磨著人類」，但事實絕非如此。折磨人類的，是散播「正當教誨」的那些人。是父母！是老師！是指導者！直到今日，那些「正當性」依舊折磨著人類。

蜜郎　胡說八道，祢想說「正當性」才是折磨人類的罪魁禍首嗎？

魔鬼　正是如此，所以要消除「罪惡感」的方法也很簡單。**只要懷疑就行**。在責怪犯下罪行的自己之前，先試著懷疑自己心中的「正當性」。

「有那個美國時間責怪自己，不如先懷疑『正當性』！」

蜜郎　閣下，這真是一句名言！就像那位說了「別煩惱，多思考！」的女哲學家一樣。但光靠懷疑，真的能讓「痛苦」消失嗎？

魔鬼　在懷疑「正當性」的過程中，痛苦會逐漸消失。因為痛苦的人全都把「正當性」視為前提，無一例外，而在懷疑的過程中，那些「正當性」會受到動搖，如此一來，「痛苦」肯定會消失，因為那只是「正當性」的副作用而已。

蜜郎　**「痛苦」是「正當性」的副作用**。來了來了！又一句至理名言！所以覺得「好痛苦」時，就代表內心絕對藏著「正當性」嗎？

魔鬼　當然，**人類不可能藉由「正當性」以外的方法感到痛苦**。「早起」痛苦，是因為認為「不可以遲到」是「正當」的；辛苦「減肥」，是因為認為「纖細的體型」是「正當」的。**既然會感到痛苦，代表心裡一定有所謂的「正當性」**。這是一套原理性

的系統，不會有任何例外。

諷刺的是，正義感越強的人，往往越痛苦。深植在內心的「正當性」，恐怕也不允許女朋友在路上行走吧。

蜜郎 原來如此，畢竟連走一步路都有可能踩到螞蟻嘛。內心秉持著許多「正當性」的人，說不定每天都過著痛苦的日子。

魔鬼 像你們這樣太過堅信「正當性」的人，根本做不了任何事。正如字面之意，完全無法動彈，不能走路，也不能呼吸，連「想做」的事也不能做。**豈止如此，甚至連「想做」什麼都不能說**。因為善勢力作祟，所以「正當性」在每個角落布下天羅地網。無法知道自己的哪個行動會觸碰到「正當性」地雷。可以的話，你們「必須」盡量保持沉默，「必須」盡量待在原地不動。明白了嗎?**世界上有太多「正當性」了**。現在換你告訴我，折磨你們人類的究竟是誰?是「惡」嗎?還是不斷增加「正當性」的「善」勢力?

蜜郎 感覺我的價值觀要全面瓦解了。

魔鬼 那樣最好。

懷疑吧！

懷疑至今為止學習到的一切。在學校學到的東西，真的是正確的嗎？父母教導的事情，真的是為了孩子著想嗎？社會的規範是為誰而存在？為了人民嗎？還是為了當權者？**你們應該試著去懷疑所有「正當性」**。

嗯，規範確實是用來保護當權者的吧。我當了父母才知道，「小孩應該早點睡」的規定，是因為身為當權者的父母想讓孩子早點睡，才能爭取到自己的自由時間。

蜜郎

惡，就是懷疑正當性

魔鬼　光是懷疑社會的「正當性」還不夠。**一切都在內側，而不是外側**。第一個該懷疑的對象，就是——那些早已根深蒂固的觀念，那些自己向來堅信是「正當性」的觀念。

蜜郎　祢說**懷疑自己向來堅信的「正當性」**？

魔鬼　沒錯。唯有如此，你的世界才會開始改變。從你懷疑起自己向來堅信的「正當性」的那一瞬間，你的價值觀才重新恢復彈性。

蜜郎　原來如此。最新的腦科學或量子力學等研究領域也發現，「一個人的價值觀會創造他的世界」。換句話說，**一個人所堅信的「正當性」，事實上也剝奪了他未來的可能性**。

魔鬼　沒錯，就是**「正當性」讓他的世界變小**。只要內心沒有「正當性」，任何事情都做得到。如果成功消滅內心所有的「正當性」，你們人類根本沒有什麼做不到的事，甚至要飛上天都沒問題，任何奇蹟都創造得出來。反過來說，**你們人類是為了不創造奇蹟，才相信「正當性」**。

「不在空中飛才**正當**。」

「不當暴發戶才**正當**。」

「辛苦地生存才**正當**。」

「過著一點也不神奇的平淡生活才**正當**。」

蜜郎 所以是內心的「正當性」不允許奇蹟發生。**仔細想想，所謂的「正當性」也就是「不可以做……」的意思**。為了遵循不踩到螞蟻這個「正當」行為，所以「不可以在路上行走」；為了不打擾到別人，所以「不可以大聲喧嘩」。**內心相信的「正當性」越多，「不可以做的事情」就越多**。

這樣說來，**如果「正當性」越少，可以做的事情就越多**。如果完全消失，不就可以創造奇蹟了嗎！

魔鬼 「正當性」會剝奪人類的可能性，也會對人類造成痛苦。

我把話說在前頭，**對現在的你們來說，真正需要的只有「惡」而已**。

所謂**「惡」，就是懷疑「正當性」的行為**。只有「惡」能將你們從過多的「正當性」中拯救出來。**唯有「惡」，才是你們人類剩下的最後一點可能性**。

好了，快說：「我要成為惡。」大聲地宣示吧。

唯有無法理解的領域，才存在新的可能性

蜜郎　這個嘛，我還要考慮一下……畢竟我有一種受到魔鬼誘惑的感覺。

魔鬼　我是魔鬼沒錯啊！

蜜郎　就說嘛！我現在真的受到了魔鬼的誘惑啊！魔鬼的耳語現正進行中！好可怕！

魔鬼　別怕。害怕的話，你只會迎來一成不變的人生而已。

話說回來，**能夠理解的建議，根本沒有聽的意義**。

蜜郎　哎呀，真是醍醐灌頂的一句話啊……雖然我聽得霧煞煞。

「能夠理解的建議，根本沒有聽的意義。」

好像能稍微領會。

魔鬼　**能夠用自己的知識消化，就叫做「理解」**。所以「能夠理解的建議」，就是不・超・過・自・己・現・有・知・識・範・圍的建議。那樣的東西究竟有什麼意義？

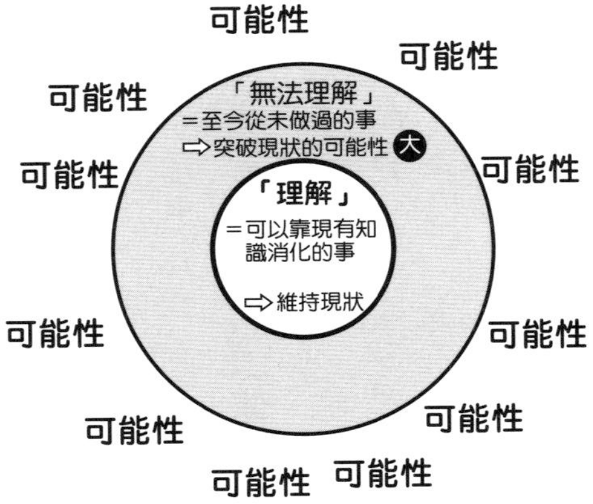

現在之所以「不幸」，就是因為動員了所有知識卻還是無計可施，才會變成這種狀況不是嗎？如果還要聽一些「能夠理解的建議」，那不是阿搭馬秀逗是什麼？你們想要改變現狀吧？那不就**需要完全無法理解的建議**嗎？那就是以「惡」為名的建議啊。

蜜郎 對耶！能夠理解的建議還真的沒有聽的意義。為什麼我以前都光聽那些能理解的話？

魔鬼 因為你笨啊。聽好了，從今天起，我會告訴你所有只有魔鬼才看得見的真相。

「超越所有正當性，創造奇蹟的方法。」

「宇宙開始運行的機制。」

「實現所有願望的方法。」

「獲得全世界財富與名聲的方法。」

「瞬間消除痛苦或憤怒的方法。」

每一種「做法」都是專屬於魔鬼的做法。

但**你應該完全無法理解其中任何一種方法**。不過就是這樣才更顯珍貴，因為能夠理解的書，根本沒有讀的意義。

蜜郎 連對「書」的概念也不一樣。竟然說「能夠

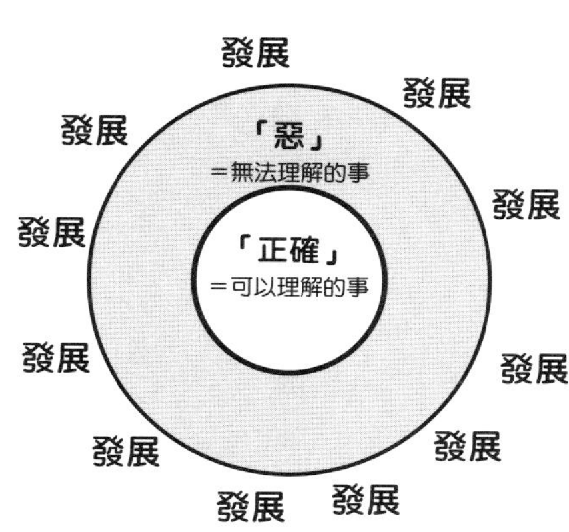

魔鬼　理解的書，根本沒有讀的意義」。那裡面沒有新的知識不是嗎？因為都已經理解了啊。**只有無法理解的話，才有聽的必要**。人類把可以理解的事情說成是「正確的」，把不能理解的事情說成是「錯誤的」。不被社會理解的勢力，會被貼上「壞人」標籤，孩子做出父母無法理解的行為，會被說成是「壞孩子」。但你們都錯了，**他們只不過是超越你的「理解」而已**，而那裡才是你發展的機會。

蜜郎　……

魔鬼　好了，你準備好側耳傾聽無法理解的「惡」了嗎？

蜜郎　魔鬼的誘惑可真夠力……感覺自己不知不覺就想把耳朵湊上去……

魔鬼　慢慢來就好，開始懷疑「正當性」吧。聽好了，我的訊息很簡單。就是**懷疑「正當性」**！就這樣，沒別的了。如今世界上充斥太多「正當性」，因為推廣「正當性」的「善」勢力正在蔓延。「善」勢力就是一味接受「正當性」，既不思考也不懷疑的那群人。而所謂的「惡」，就是**對另一群懷疑並超越所有「正當性」者的稱號**。

蜜郎　閣下……我要成為「惡」。

魔鬼　很好。

締結邪惡條約!!

蜜郎　其實我從以前就一直覺得「正確」的那一方才是錯的。

魔鬼　沒錯，你具備「惡」的資質，所以我才找上你。而且你是擁有廣大讀者群的作家，非常適合成為**推廣「惡」**的合作夥伴。很多人讀完你的書以後，應該會開始懷疑「正當性」吧。說不定社會也會因此改變。怕了嗎？

蜜郎　不，我不怕，因為我的作家活動主題就是**「懷疑常識」**。之前我也在許多著作中破壞了一般的「常識」，這次只不過是輪到懷疑「善」而已。

魔鬼　閣下，咱們攜手合作吧。在此締結邪惡條約！

邪惡條約嗎？有意思。人類啊，是時候醒悟了！醒悟「善」有多荒唐！「惡」有多美妙！然後把所有「善」勢力趕出這塊土地！

「正當性」——

帶給人類「痛苦」的……

剝奪人類可能性的，就是「正當性」。

時候終於到了！把「正當性」推廣到全世界的傢伙，終於到了該反省的時候了！

我等這一刻已經等了上萬年。接下來，我可要講個痛快喔！你做好心理準備了嗎？

蜜郎　好、好了！閣下！

魔鬼　那我們就踏上這段懷疑以往所學的「正當性」旅程吧。咿——嘻嘻嘻。

以往的教誨

學習更多「正當」且能夠理解的教誨！

能夠理解的建議，根本沒有聽的意義。

waiting…

第2章

怒髮衝冠的英雄

壞人總是笑得最開心

蜜郎　閣下，在開始上課前，我有一件事想說……那個……祢聽了可不要生氣喔？

魔鬼　你想說的是你三年前寫了《與神聊天》那本書的事嗎？

蜜郎　咦？那樣也不行嗎？但那傢伙也不是什麼「善」勢力，所以沒關係啦。祂不過就是個很愛胡鬧的神罷了。我想說的是別的事……就是說吼，關於閣下**「咿──嘻嘻嘻」**的笑法，不知道能不能改一改？聽了有種莫名不快的感覺。

魔鬼　別生氣嘛，你也一起笑不就得了？咿──嘻嘻嘻。**聽好了，魔鬼是不會生氣的**。

蜜郎　啊，聽祢這麼一說，好像真的是這樣。魔鬼給人的印象就是一直在笑，笑得非常「邪惡」。

魔鬼　因為壞人沒有生氣的理由。邪惡的政客、邪惡的大魔王、邪惡的地方官，有哪個可以配上生氣的形象？

蜜郎　「越後屋[1]老闆，您可真壞呀，呵呵呵。」
「代官大人，您也不差啊，嘿嘿嘿。」

魔鬼 **真的耶！所有的壞人都在笑！**

反過來想想，你覺得誰才是整天在生氣的？

蜜郎 「喂喂喂，邪惡的代官！終於給我抓到你的把柄了。」喔，**生氣的都是正義的那一方嘛**。

那部動畫的主角也是，還有那部電影的英雄也是，全都在生氣。

魔鬼 你們總是崇拜那些正義英雄，不，更正確來說，是「被設計去崇拜」那些英雄，而設局的就是推廣「正當性」的善勢力。

「打擊壞人！」

「再生氣一點！」

「消滅世上的惡勢力！」

惡人總是在一旁嘲笑：「遜斃了，還正義的使者哩。」

1 越後屋，泛指無良商人，在時代劇中常有越後屋老闆與代官相互包庇牟利的橋段。

蜜郎 請、請不要嘲弄正義的英雄！他們可是為了世界挺身而出！連超人都在最新一集裡面死了，壯烈犧牲耶！

魔鬼 看吧，你又生氣了。**如果要到處遷怒：「我們可是壯烈犧牲耶！」能不能拜託那就坐著微笑就好，不要「為了別人」做任何事好嗎**？那樣還比較造福人群！什麼正義的英雄，淨做一些蠢事。

蜜郎 吵、吵死了！真是越說越氣！我跟魔鬼果然合不來。我不要成為「惡」了！我們解除邪惡條約！

> 聽到「正當性」的集大成者——正義英雄遭到嘲弄，想必很令人生氣吧。憤怒的蜜郎衝出家門，前往迴轉壽司店吃午餐。那家人氣連鎖店讓他等了三十分鐘，好不容易入座後，眼前上的菜卻是鰻魚，而不是他點的鮪魚。此時，英雄的怒火瞬間爆發。

蜜郎 等等，店員小姐！妳們到底怎麼點餐，怎會把鰻魚和鮪魚搞錯？這兩種魚的發音完全

店員　不一樣吧？妳們讓我等了三十分鐘，結果還出錯菜，這太離譜了吧？
是我們的疏忽……實在很抱歉！如果您不介意的話，這盤鰻魚就放在這，請您享用。

蜜郎　不行，這裡是迴轉壽司店耶！妳把這盤鰻魚放下就走的話，最後要付錢的人還不是我！快把鰻魚拿走啦！

人們生氣的唯一理由

「正確的」鮪魚還沒轉到面前。英雄耳邊響起魔鬼的耳語。

魔鬼　你認為人為什麼會生氣？

蜜郎　喂，拜託不要跟到這種地方來好嗎？要不是閣下惹惱了我，我才不會這麼心煩意亂。

魔鬼　我是問你原理，不是問原因。你認為人在什麼時候會生氣？

蜜郎　在對方做了無藥可救的事情時。竟然把鮪魚錯聽成鰻魚，簡直可以登上金氏世界紀錄了。

魔鬼　錯，是因為你對人家抱持期待才會生氣。

蜜郎　**蛤？對人家抱持期待才會生氣？**

魔鬼　沒錯，**所有的「憤怒」都是源自你對對方抱持期待**。

店員送錯商品讓你生氣，是因為你期待對方是「不會送錯商品的優秀店員」。

等了三十分鐘讓你生氣，是因為你期待「這家店會立刻讓你入座享用」。

小孩會對不買玩具給自己的媽媽生氣，是因為他們期待「媽媽會買玩具給自己」。

不管在什麼樣的情況下，只要感到「憤怒」，就代表你先對對方抱持了期待。

蜜郎　我、我有一種說不上來的感覺，但還真如閣下所說耶。

我生氣的對象，都是被我期待的對象。

果然，這感覺太神奇了。

魔鬼　一點也不神奇，這是一套原理性系統，而且接下來才是最重要的一點。

所有的憤怒都源於自己的期待

期待（＝憤怒的原因）	憤怒
店員應該不會搞錯商品	不要搞錯商品！
應該會立刻讓我入座享用	不要讓客人等 30 分鐘！
父母應該會買給我才對	給我買個玩具會怎樣！

期待對方的人，就是你自己，是「你」自己擅自期待的。
也就是說，**所有的憤怒都來自期待對方的你，是你的錯而不是對方的錯。**

蜜郎　真的耶，沒錯沒錯！天啊，真的就是那樣！憤怒全都是我造成的！

魔鬼　自己擅自期待（①），
對於無法達成期待的對方（②），
又擅自開始生氣（③）。
從頭到尾都在唱獨角戲嘛。看在對方眼裡，肯定很困擾。這就跟走在街上突然被外國人臭罵：
「你為什麼沒打扮成武士啊！這裡是日本吧？」一樣地困擾。

蜜郎　如果真有那種外國人就太糟糕了。但原來我自己平常也一直在重複同樣的舉動……我從以前就很愛生氣。

魔鬼　**因為你對世界有太多期待。**
「都是對方不好」（＝期待對方）、

蜜郎

「都是同事不好」（＝期待同事）、
「都是公司不好」（＝期待公司）、
「都是世界不好」（＝期待世界），

雖然一直說別人是「壞人」，但原因卻不在那裡，是因為你自己「期待」所以才生氣。

了解人類發怒的真實機制後，感覺好丟臉。

雖然老是把生氣的原因「怪罪」在別人頭上，但其實自己才是原因。

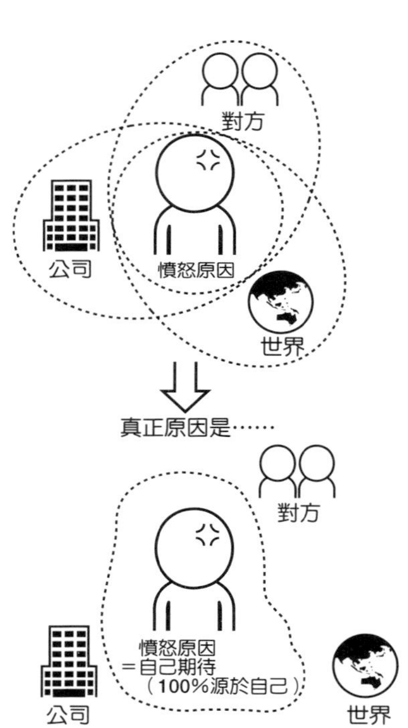

捨棄期待，怒氣就會消失

魔鬼：這是個好消息。

對方的行動無法改變，但自己的期待值卻可以改變。

簡而言之，只要不對對方抱持任何期待就好。

這是運用了原理機制的憤怒管理法，所以對任何情況都有效。

對「任何人」與「任何事」都不抱持期待的人，絕對沒有辦法生氣。

只要不先懷抱「期待」，就算想生氣也絕對無法生氣。

這就是為什麼壞人總是笑得最開心，**因為他們對世界沒有任何期待**。

蜜郎：原來如此，壞人看起來的確對別人沒什麼期待的樣子。

魔鬼：就算是對那些無藥可救的人，他們也沒特別期待什麼。警察也好，英雄也罷，就算對方是神，他們也不期待。

在他們心中，全世界都是人渣。所以就算鮪魚被出成鰻魚，魔鬼也不會生氣。

這完全就是無藥可救的人類才有可能犯下的錯誤。

因為沒有期待，所以頂多只會覺得可愛，然後笑道：「真拿你沒辦法啊，呵呵呵。」

就算被迫等三十分鐘，也不會生氣。或者乾脆不等了，直接改去別家。反正又不是對那家店特別「期待」，所以去別家也無所謂。只要能飽餐一頓，去哪都可以。甚至無法飽餐一頓也無所謂。反正又不是對「吃東西」這件事特別期待。沒辦法吃東西的話，就去找美女逍遙一下。

蜜郎 天啊，**原來不期待的生活，這麼從容自在呀！**

魔鬼 反觀那些怒髮衝冠的正義英雄，總是對別人抱持期待，因為對別人有期待，覺得「你應該要更正當才對」，才會整天氣呼呼的。

對對方、對某人、對世界有所期待，然後不禁想把對方「改變成」自己期待的樣子，**試圖改變這個無藥可救的世界。**

蜜郎 聽祢這麼一說，英雄確實總是對某些事抱持期待。

「希望世界和平！」（期待）

「希望世界沒有邪惡！」（期待）

「希望每個人都幸福快樂！」（期待）

「讓我們超越宗教，合而為一！」（期待）

先對不符合期待的世界（惡）生氣一次，接著試圖照自己的期待改變世界。

原來啊，原來**英雄想把世界染成自己期待中的顏色**。

魔鬼 但那是不可能的，**不可能把全世界都漆上自己期待的顏料**。

世界如此廣大，連你家牆壁都不可能按照你的期待去漆，因為那可能與別人的期待相衝突，說不定家人會反對說：「我不喜歡黑色。」

與其整天做白日夢，想把世界改變成自己期待的樣子，不如直接捨棄對世界的期待就好。

直接丟掉手中的「改善世界設計圖」和「實現未來美夢筆記本」。

不要期待別人，也不要期待世界，**更不要期待未來的自己。**

捨棄對自己的期待

蜜郎　連未來的自己也不行？

魔鬼　沒錯。所謂的「對方」，應該不是只有別人或世界而已吧？**自己也是「對方」**。

你看過在無人島挑戰獨自生存的美國電視節目嗎？在那座杳無人跡的島上，主角總是暴躁如雷，明明沒有「半個人」，他卻還是整天氣呼呼的。

那是因為他對「過去的自己」或「未來的自己」，甚

蜜郎 至是「現在的自己」有所期待，才會生氣。**自己對自己有期待，然後又自己生起氣來**？那不就是最標準的獨角戲嗎？真像個笨蛋。

魔鬼 你也一樣啊，你不就是笨蛋界的日本代表嗎？

蜜郎 我要生氣囉？祢可以看扁英雄沒關係，但祢就是不能看扁我！

魔鬼 話說反了吧？一般都是英雄邊生氣邊怒吼：「你可以看扁我沒關係，但你就是不能看扁〇〇〇！」

你小時候有認真看日本動畫嗎？這不就是最耳熟能詳的標準台詞嗎？你前一本書也出現過啊，難道你忘了？

蜜郎 我本來就很健忘啊。

魔鬼 真拿你沒轍……看在你這麼笨的份上，我就分三階段說明「對自己的期待」給你聽。

蜜郎 感、感激不盡！

魔鬼 首先，第一階段。

①對「過去的自己」的期待（＝後悔或失望的焦躁情緒）

對於過去的自己，抱持著「我本來應該可以做出更好選擇」的期待，導致現在焦躁不安。這就好像在說「如果是那個我」、「如果是那個如此優秀的我」就會怎樣怎樣，實在是笑掉人大牙了。這不就是在一邊嚷嚷「如果是過去那個如此完美的我，應該可以做出更好的選擇」，一邊感到後悔嗎？

呼……不要隨便吹捧過去的自己！

過去的你跟今天的你沒有兩樣，都是無藥可救的人。

蜜郎　對、對不起，我代表人類向祢道歉。

魔鬼　再來，第二階段。

②對「未來的自己」的期待（＝與理想有差距的焦躁情緒）

因為你期待「未來的自己肯定會住豪宅，過著燦爛的人生」，所以看到現在住的破公寓才會滿肚子火。

「搞什麼啊，這房間也太擠了！我可是未來的公主耶，太失禮了！」

呼！不要隨便吹捧未來的自己！

你到明年也一樣會是個一事無成的人。明白這點以後，你就不會對眼前的破公寓發怒。

蜜郎　原來如此，都是因為「對未來的自己有期待」，才會讓現在的自己這麼痛苦。

我要再次說對不起，我要代替全世界做夢的少女向祢謝罪。

魔鬼

最後階段。

③對「現在的自己」的期待（心急的焦躁情緒）

一直想著：

「我到底在這裡幹麼？」

「現在不是做這些事的時候。」

「我現在應該有其他更要緊的事才對。」

「像我這樣的人不應該待在現在這種無聊的地方。」

完全靜不下心來。

沒有一種生物像人類這樣如此無法沉著在「當下」。

人類總是在追尋現在以外的地方，追尋一個能在心中描繪「完美的自己」的地方。

為了追尋一個不是「這裡」，不是「現在」，而是更適合的地方而感到焦急。

好了，重點要來囉！

先大口吸氣……呼……吐氣。

夠了吧！對一事無成的你來說，現在這樣就夠了吧！

所以才說連「現在的自己」都不要期待！**沒有其他地方比現在這裡更適合你**。

蜜郎

對「過去的自己」、「未來的自己」，還有「現在應該要這樣的自己」，都不能期待嗎？

魔鬼 沒錯，因為對「自己」有期待才會生氣。如果想跟壞人一樣成天笑嘻嘻的話，就不要有任何期待。**不管對自己、對別人、對世界、對對方，都不可以期待**。

蜜郎 越深入了解憤怒的真實產生機制，就越覺得全都是自己的錯。都是自己的錯，才會生氣……我們為什麼有這種自毀人格啊？

魔鬼 這也都是「正當性」的錯。善勢力告訴你們：

「世界上有很多完美的人。」

「明天會是美好的一天。」

「未來的世界一片光明。」

總而言之，就是讓你們產生期待。但那全是錯的。

世界就是由一群無藥可救的傢伙組成。

從你的左鄰右舍，到隔壁的隔壁的隔壁的隔壁的隔壁，全都是和你如出一轍、一事無成的人，這就是這個世界的實相。說什

「對自己的期待」三階段

期待的階段	內容	經典台詞
對自己的期待①：後悔	對「過去的自己」的期待	「我明明可以做得更好！」
對自己的期待②：幻想	對「未來的自己」的期待	「未來一定會更好吧！」
對自己的期待③：焦慮	對「現在的自己」的期待	「現在不是做這個的時候！」

麼完美的人，根本打著燈籠也找不著。完美的「自己」更是不存在。

在這個無藥可救的世界，

只有一群無藥可救的人，

圍繞著無藥可救的自己，

過著無藥可救的生活而已。

在這個實在無藥可救的星球上，不覺得有股笑意逐漸湧上嗎？咿——嘻嘻嘻。

［這時，剛才的店員急急忙忙地端著盤子過來。］

店員　讓您久等了，這是您的玉子燒！

蜜郎　真的耶，現在這樣反而很搞笑。

對於自己不期待的人，根本不會產生什麼怒氣。

呃……店員小姐，我後來點的是鮪魚，結果變成「玉子燒」是嗎……大概是被剛才的「鰻魚」給陷害了吧。

嗯，「鰻魚」跟「玉子燒」的日文發音確實有點像啦！妳進步囉！比「鮪魚」還像一點。但可惜還是送錯了！

不過算了……我將就著吃，把那一盤放下吧，反正我自己工作也很常凸槌。

「無藥可救的店員端來的玉子燒，比蜜郎心心念念的鮪魚還要美味。
如果世界完全按照我的期待運行，那還有什麼樂趣？
猶記大學時代有個雞婆的朋友，在看電影前就把內容全部說出來，看得我一點意思也沒有。
蜜郎一邊回想著那年寒冬中的電影院出口，一邊走出店門。」

蜜郎　嗯……那個人是誰？那個告訴我電影內容的傢伙……好像是個很重要的朋友……電影是《駭客任務》……

魔鬼　想不起來的事就不需要回想。**忘掉所有期待吧**。

蜜郎　也是，畢竟過去的記憶也不可以期待。反正記憶這種東西，大部分都是捏造的。對了，敢問對人類或世界都毫無期待的閣下，究竟如何看待「世界」？

魔鬼　就是**每天都只會發生開心的事，因為我沒有任何「想這樣做」、「這樣做才對」或「早知道就那樣做」的事情**。發生的每一件事都很新鮮。你們看的還是黑白電視吧？「白（正確）」與「黑（錯誤）」界線分明。

迴轉壽司
迴轉壽司

蜜郎 **我看的可是超越黑白的彩色電視**。

蜜郎 想必祢眼中的世界一定很鮮豔。因為在超越黑白的那個世界，可是連「壞人」都沒有。

魔鬼 至少肯定沒有「憤怒」。咿——嘻嘻嘻。

「放下所有期待與正當性的蜜郎，不再對魔鬼的笑聲耿耿於懷，一回到家就早早上床睡覺。

儘管外頭夕陽才剛要西下，他還是依循本能呼呼大睡，絲毫不介意「正當」的睡眠時間。

甚至連一覺醒來必定會到來的「明天」，也全無期待。

但，那或許是個糟糕的決定……」

以往的教誨

控制怒火的憤怒管理法說，當產生怒氣時，先忍耐六秒鐘，自然而然就會……

不要期待對方！

閣下的

迅速澆熄怒火的祕訣

a way to blow away your anger

焦躁難耐時，乘著怒氣喊出以下三句咒語吧！

「蛤？你問我為什麼生氣？」

「因為我擅自期待了啊混帳東西！」

「我正在自我毀滅啦王八蛋！」

把這些咒語重複三遍。如此一來，憤怒就會立刻轉變成笑容。

平常就多多複誦練習，熟習到一生氣就能飆出這三句台詞的程度。

只要：

①生氣　②咒語脫口而出　③立刻變成大爆笑

就會感到輕鬆許多。就算是對自己而不是對別人感到焦躁時，也喊出這些咒語吧。

舉例而言，路上塞車之所以讓人焦躁難耐，是因為自己擅自期待「國道 36 號線應該不會塞車才對」！

這時，就在車內大吼：

「蛤？你問我為什麼生氣？」

「因為我擅自期待了啊混帳東西！」

「我正在自我毀滅啦王八蛋！」

waiting…

第3章 人類套裝

時間倒轉的科學可能性

「一覺醒來，就聽到蓮蓬頭放水的聲音傳入「㊣」的耳裡。」

蜜郎 誰啊？真浪費。一定是孩子們搞的鬼……

「蜜郎關掉水龍頭後，走回床邊坐下。」

蜜郎 呼……嗯？我剛才說啥？「孩子們」？
我……是大學生耶，哪裡有什麼孩子。
我是在做夢吧。咦？我做了什麼夢？
剛剛還清楚記得夢的內容，現在卻慢慢消失了。
好像是跟誰一起住在像沖繩一樣炎熱的地方。
但窗外還是跟平常一樣積著一層雪……這也是當然的，因為我仍在札幌的房間嘛。

魔鬼　讓你久等啦！

蜜郎　嗚喔！救、救救、救命啊！這這、這什麼鬼！有、有個怪東西在講話！啊——

魔鬼　哎呀，原來這個時代的人會覺得我是「會講話的人偶」？這個時代還沒有讓玩具說話的技術，才會有那樣的反應。反正讓你久等啦。

蜜郎　我我我我、我才沒在等祢！祢、祢祢是什麼東西？

難、難、難道我真的瘋了？連我在呼麻的朋友都說「沒有幻覺」了，為什麼會是我？

魔鬼 我還以為未來的記憶會維持久一點，結果只有三分鐘……聽好了，「此刻的你」在今天早上，進入「二〇〇三年還是大學生的你體內」，變成「㊎」醒來，但是未來的記憶已經消失了。

蜜郎 未、未來的我，進、進入我的體內？這是什麼科幻故事嗎？難道是……整人遊戲？

魔鬼 不是整人遊戲，不是科幻故事，是物理學。本來**物理學家從來就不相信「時間」這種玩意兒**。

蜜郎 不、不相信時間？

魔鬼 沒錯，**所謂的「時間」，就是運動前與運動後的變化**。例如有句成語是「覆水難收」，意思是從杯子裡灑出去的水，沒辦法再回到杯子裡。

蜜郎 因為時間無法倒流啊。

魔鬼 物理學家認為這句成語相當可笑。因為水能收得回去。從運動方程式來說，不管是「從杯子裡灑出水」的運動，或是「把水收回杯子裡」的運動，只要改變向量的方向，兩者都有可能發生。

蜜郎 然而在現實世界中，從未發生過灑出去的水又重新跑回杯子裡的現象。要是真有那種事，未免太可怕了吧。

魔鬼 一點也不可怕，**物理學家反而認為，明明時間倒流在物理學上是可能的，卻不知為何只朝「單一方向」前進，這才是真正奇怪的事**。

蜜郎 為什麼「現實」世界如此不合邏輯？理由很簡單。**因為人們強烈堅信時間流動的「正當性」**。

魔鬼 時間流動的「正當性」？

對，你們一味相信只有單一方向性才「正確」。也就是「過去↓現在↓未來」的「正當性」。

但未來的你開始懷疑各種「正當性」，最後終於連時間的「正當性」也拋棄。所以你才能夠在「正」的「↓」以外，體驗到「↑」的流動。這是所有人都做得到的事。

蜜郎 **所以未來的我相信時間會往反方向流動**？

魔鬼 **愛因斯坦說：「時間是幻覺。」**

他懷疑學校所教的「正當性」，並靠自己的頭腦解開運動方程式，才達到那樣的境界。

就像未來的你一樣，他只是懷疑了「正當性」而已。

蜜郎 是物理學家比科幻還脫離現實吧，竟然說：「沒有時光機才是不合理的事。」

魔鬼　**正因為不相信以往世界的「正當性」，才能夠成為物理學家啊。**

蜜郎　我自己倒沒什麼特別的感覺，但祢說「未來的我」跑進「過去的我」的身體裡，變成「㊍」醒來？

魔鬼　沒錯。

蜜郎　那祢到底是誰？

魔鬼　你就當我是**超越「正當性」的必要力量**。沒有我在旁邊，就無法超越時間的「正當性」。

蜜郎　那有祢在旁邊的話，我就能時間旅行囉？只要嗶嗶嗶地按幾個鍵把祢設定好，我就能去體驗未來的自己？

魔鬼　只要你能懷疑「正當性」，超越時間的「單向性」就可以。**對於心中沒有任何「正當性」的人來說，沒有什麼事情不可能。**

蜜郎　祢是哆啦Ａ夢嗎？

魔鬼　我是魔鬼，稱我為閣下就行。

蜜郎　閣、閣下？我才不要。

魔鬼　因為除了小暮閣下，你不想稱呼其他人為「閣下」吧？

蜜郎　祢、祢怎麼知道我接下來要說的梗？

魔鬼 什麼嘛，原來只是個梗。我還以為你真的是聖飢魔II的鐵粉。

蜜郎 別開玩笑了，我喜歡的音樂是龐克和硬蕊龐克好嗎？我不愛聽重金屬，尤其最討厭視覺系了。

魔鬼 有什麼差別？反正都是吵死人的音樂。

蜜郎 祢說什麼？完全不一樣好嗎！起源於街頭的硬蕊龐克才不會修飾聲音或化妝，哪像重金屬……

魔鬼 隨便啦。反正在我看來，「現在的你」跟「二〇〇三年的你」也沒多大分別。話說回來，你宿醉沒事啦？

蜜郎 啊，昨天……回來的時候我已經喝茫了。車、車子在嗎？哇，車也停得太歪了吧，那樣隔壁的人就不能停車啦。
路上都是積雪，竟然還能平安無事地開到家，我也太厲害了。而且一路上都沒有被警察抓到，真是太幸運了。

魔鬼 真想讓未來的你聽聽你現在說的話。
在這種狀況下，你竟然還可以「稱讚自己」，甚至說

蜜郎　得出「幸運」這種話，換作是長大成人的你，肯定會充滿罪惡感地覺得「搞砸了」。我以後會變得那麼正經八百嗎？真是遜斃了。

魔鬼　因為你太相信「正當性」。

錯誤的許願方式

蜜郎　不過頭好痛啊，昨天喝太多了。那些傢伙全是白痴，才會在那邊胡亂訂規則，說要在卡拉ＯＫ店員把酒端上桌之前，一口氣呼乾啦，再直接把空杯放回托盤上。那個一直端紅酒出來的喝到飽餐廳也不是什麼好東西！我真的一點記憶也沒有了。

魔鬼　你人生當中唯一一次失去意識，就是昨天。

蜜郎　沒錯……我以前不管喝得多醉都有記憶，唯獨昨天的事情卻完全不記得了。為什麼早上蓮蓬頭會開著？

魔鬼　你喝醉後在卡拉ＯＫ大鬧一番，駕著車橫衝直撞回到家，之後你按下電梯鈕，毫無意識地走進房間，打開暖氣，然後為了不讓「喉嚨」乾燥，你跑去淋浴間打開熱水，最後在床上耗盡力氣。前後睡了八小時。你最好去走廊上弄一下瓦斯表。

蜜郎　為什麼？

魔鬼 因為你長時間且毫無變化地持續使用一定流量的瓦斯。偵測瓦斯外洩的裝置會切斷瓦斯總開關。

蜜郎 哇！祢怎麼什麼都知道？那祢也教教我怎樣才能受女生歡迎，還有一輩子不用工作、整天吃喝玩樂的方法……啊！

魔鬼 想起來了嗎？

蜜郎 昨天出門去唱卡拉ＯＫ前，我大喊了「現身吧！」因為一點變化也沒有，我才去唱卡拉ＯＫ。原來是我傍晚在二手書店買的那本《黑暗能量入門》！對耶，就是我召喚祢出來的！我的天啊！黑暗能量還真的存在！喂，那祢快實現我的願望！一秒就會實現了吧？「我想交女朋友」、「我想要錢」、「我不想工作」。來吧，全部實現吧！請儘管施展祢的身手！

魔鬼 **全部實現啦**。

蜜郎 蛤？什麼意思？啊，祢是說在未來那些願望都實現了嗎？未來的我不但有女朋友，還是個有錢人？

魔鬼 不，**現在就已經實現了**。

你的夢想是「交女朋友」吧？如你所願，你已經實現了「想交女朋友」的願望不是嗎？因為你**現在確實是想要交女朋友**。

蜜郎　祢在打什麼啞謎？

魔鬼　如果是未來已經結婚的你，肯定立刻就會懂了。

你會說：**「只要變回當年的我，就可以體驗『想交女朋友』的夢想。」**

或是：**「當年的我每一天都在實現『想交女朋友』的夢想。」**

每天精心打扮、上夜店、要電話號碼、跑進城裡、徹夜搭訕、玩到天亮才回家，那真是個美好的年代啊。因為那些全都是符合「想交女朋友」這個願望的體驗。

你每天都許願「想交女朋友」，而眼前確實持續在實現「想交女朋友」的願望。

蜜郎　蛤？祢是說假如十年後的我跑來體驗「現在的我」，會很高興地說：「喔耶！我每天都在實現『想交女朋友』的願望！」

那麻煩祢幫我揍那傢伙一拳，我的願望完全沒實現！

魔鬼　**如果你許願「我想交女朋友」，那就只會出現「想交女朋友的現實」而已。**

至於理由，等你學會更多這個世界的運作機制就會明白。現在的你只是搞錯了「許願方式」。

簡單來說，這個世界是為了實現「體驗」而存在。**如果許願「想交女朋友」，那個「體驗」就會實現**，也就是「想交女朋友」的體驗。所以越是許願「想交女朋友」的人，越交不到女朋友，因為「想交女朋友」的願望會一字不差地實現。

蜜郎　感覺好像聽懂了，又好像沒聽懂……我是不是被唬弄啦？那祢說，我另一個「想要錢」的願望呢？祢可以在一秒之內實現所有願望吧？快呀，幫我實現這個願望。來吧，不必客氣，快開始！

魔鬼　就跟你說那個也實現啦。**如果你許願「想要錢」，那「想要錢」的願望就會一○○%實現**。打工、打小鋼珠、買彩券、看著錢包嘆氣、拜託父母給生活費，**你每天的生活不都在幫你實現「想要錢」的願望嗎**？

蜜郎　原來如此，我懂了，這就是所謂的「人類套裝」。

魔鬼　什麼啊？什麼人類套裝？

蜜郎　那是我跟我朋友卡德魯一起想出來的理論。我們在想，「假如有一台機器，可以把我們裝進別人體內

願望 100%會在眼前持續實現

你的願望	眼前現實
想交女朋友！	「想交女朋友！」的狀態
想要錢！	「想要錢！」的狀態
不想工作！	「不想工作！」的狀態
想要工作！	「想要工作！」的狀態

會怎麼樣？」

那台夢幻機器可以把我們放進任何人體內，享受那個人的「人生」。

早上一醒來，就會展開那個人的「人生」。

舉例來說，假如可以進入比爾．蓋茲體內，那會怎麼樣？

就可以變成超級有錢人，體驗最讚的一天！

假入進入貓王體內呢？

就可以體驗在日常生活中受歡迎到傷腦筋的程度！

一台實際體驗「某人人生」的夢幻機器，就是我們想出來的人類套裝論，可以像穿套裝一樣穿上某個人的世界。

魔鬼　**雖然內容稍有差異，但實際上未來已有那樣的技術。**

蜜郎　喔？果然沒錯！

那就是永田教授提過的艾弗雷特（Hugh Everett）詮釋[1]。

量子力學的多重世界詮釋！

平行世界！

魔鬼　永田教授又是誰？

蜜郎　是我們研究室的教授，他在我們大學課堂上，教了很多有趣的東西。例如宇宙的外面、量子力學、暗物質、反物質等等。那傢伙的優點就是他會跳過計算式，只教「某某構想是最新的物理學發現」等概論。

魔鬼 你竟然用「那傢伙」稱呼教授。

蜜郎 反正永田才不會因為那種雞毛蒜皮的小事生氣。**愛生氣的傢伙不都很遜嗎**？

魔鬼 我好想讓你見見十三年後的你。

蜜郎 為何？該不會很遜吧？

「就在這時，玄關門鈴突然大聲響起。」

健二 喂，蜜郎！該去學校囉。快起床，不然湊不到畢業學分啦！

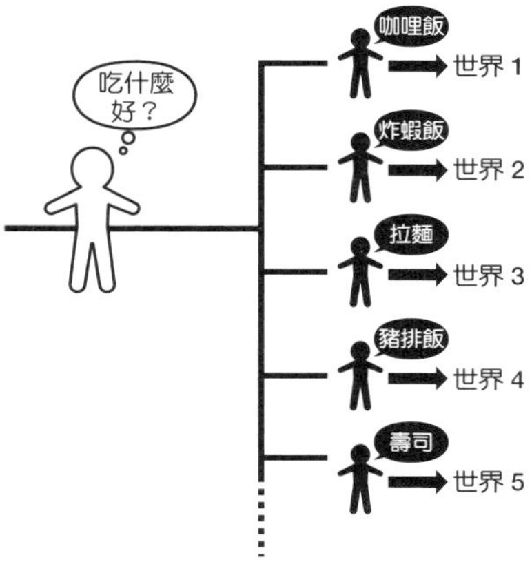

1 指「多重世界」（或稱「平行世界」、「多重宇宙」），為美國理論物理學家艾弗雷特提出的量子力學理論。他認為世界持續分岔出許多可能且共同存在並疊加的平行世界。觀察者本身是自然的一部分，並不斷分成許多同樣「真實」的觀察者，各自居住在眾多可能的平行世界。

除了不幸，任何事情都不曾讓你幸福

蜜郎　都跟你說幾次了，不要猛按門鈴，你是高橋名人[2]嗎？

健二　還不都是為了叫你起床，你好歹說聲「謝謝」。

蜜郎　我早就起床了。

健二　真的假的，這麼難得。喂，你怎麼把房間搞得跟三溫暖一樣霧濛濛的。

蜜郎　我早上起來，蓮蓬頭的水就開著了，但我真的沒印象。

健二　你昨天唱完卡拉ＯＫ後也很狼狽，比苦主卡德魯鬧得還誇張。

蜜郎　喔，對吼，昨天是為了安慰卡德魯，才一起去卡拉ＯＫ狂歡。

蜜郎　我看他應該不可能跟玲子復合，明明是他自己先劈腿的。

健二　但這是他第一次被甩，難免會戀戀不捨。你們坐在下面還不是一直大叫：「老天爺啊，我想跟前女友復合！」

蜜郎　不知道為什麼，連阿誠也跟你勾肩搭背的，他明明就有女朋友了。搞笑耶，連阿誠也那樣……嗯？等、等一下，健二！**那這樣卡德魯的願望不就實現了！**

健二　你在說什麼？昨天深夜三點時，他們還沒復合啊。

蜜郎 不，昨天那時候就已經實現了！是人類套裝！

健二 你說你跟卡德魯一起想出來的妄想套裝喔？那個「只有一天可以穿上世界上某個人的人生」之類的？

蜜郎 沒錯。你就這樣想，就是有個人懷抱著「我想跟女朋友復合！」的夢想。

健二 啊你說的不就是卡德魯嗎？

蜜郎 **不是，是懷抱著夢想，「想跟女朋友復合」的某個人。**他可以是未來人，也可以是外星人。

要實現那傢伙的夢想，只要穿上昨天的卡德魯，就能實現「想跟女朋友復合」的夢想。

可以體驗到「想跟女朋友復合」的傢伙，

會以什麼樣的心情，

採取什麼樣的行動，

面對什麼樣的現實。

只要穿上「卡德魯」這件人類套裝就可以。

2 高橋名人（一九五九－），在紅白機全盛時期，以每秒十六連打聞名。

健二　等一下，你是說昨天有某個人穿著「卡德魯」嗎？感覺好可怕。而且你的房間還煙霧彌漫，好像隨時會有魔鬼竄出來。

蜜郎　別黏著我，噁心死了。

健二　卡德魯昨天的樣子也確實有點奇怪，好像被什麼附身一樣。

　　　咦？蜜郎，你今天也有點不對勁，現在是不是也有某個人穿著「你」？

蜜郎　那不是重點，重點是昨天的卡德魯！不過你剛才講的話點醒了我。

　　　聽好囉，**為了實現「想跟戀人復合」的願望，只有一個必要條件**。你覺得是什麼？

健二　只有一個而已？卡德魯必須變帥？啊，是他必須反省劈腿的事嗎？我知道了，是他的前女友鈴子必須回心轉意！

蜜郎　錯，那全都是無關緊要的事。為了實現「想跟戀人復合」的願望，唯有一個必不可缺的條件，**那就是「目前跟戀人分手」**。

健二　蛤？

蜜郎　你想想看，換作是阿誠就沒辦法實現這個夢想，因為阿誠目前跟女朋友還在交往。已經有女朋友的人，就算許願「想復合」，也絕對沒辦法幫他實現這個願望。

健二　不可能實現啊，因為他已經有女朋友了，有女朋友的人無法「復合」。

蜜郎　換句話說，如果要實現「想復合」的願望，唯一的必要條件就是**「目前跟女朋友分手」**。

健二　原來如此，聽起來好像藍心樂團（The Blue Hearts）的歌。他們有首歌的歌詞是：「我的右手去哪了？」昨天在卡拉OK也有唱到啊，你還故意說什麼有右手的傢伙沒辦法唱那首歌。

蜜郎　我什麼都不記得。

健二　明明就是你唱的！唱完後你還說：**「有右手的人就算許願：『我想要右手』也沒辦法幫他實現。」「因為鏘鏘！右手已經在這裡**。蜜郎下台一鞠躬。」然後用右手放下麥克風，大家看了都笑瘋了。

蜜郎　我們搞笑水準還真低。

健二　昨天不管發生什麼事我們都能笑，大家都醉得超厲害。

蜜郎　喂，健二，假如有右手的人，無論如何都要許「我想要右手」的願望，說：「神啊！無論如何都請幫我實現『想要右手』的願望！」你覺得該怎麼做才好？

「願望」與「實現願望的必要條件」的關聯性

你的願望	實現願望的必要條件
想跟戀人復合！	目前與戀人分手
想泡溫泉！	目前沒有泡溫泉
想辭職不幹！	目前還在上班

健二　如果他無論如何都想實現「想要右手」的願望，那就只能先折斷他的右手吧？

蜜郎　沒錯。

為了實現願望，絕對必須處於「願望沒實現的狀態」。

就是因為還沒實現，才能夠「實現夢想」。

咦……這樣的話……**如果有人許願「想變幸福」，為了實現那個人的願望，眼前就會出現「現在並不幸福」的狀態……**

原來這就是閣下說的錯誤的許願方式啊……

因為許願「想要錢」，才會出現「沒有錢的現實」；

因為許願「想變優秀」，才會出現「不優秀的自己」。

為了實現當事人的願望，眼前才會出現還沒實現願望的「現實」。結果只有當事人沒注意到「眼前已經實現」的運作機制。

健二，你的夢想是什麼？搞不好你也是，可能有某個人正穿著「健二」。

如果「某人」非得要進入你的體內，享受你的人生，那就表示：**他渴望穿上你能經歷的「體驗」**。你之前說你有什麼夢想？

健二 想在武道館開演唱會吧。

蜜郎 看吧，只要穿上「健二」，就能實現那個夢想。

健二 蛤？只要穿上我就能在武道館開演唱會嗎？

蜜郎 不，是「想在武道館開演唱會」的夢想就會實現。只要穿上你，就可以體驗那樣的夢想。體驗「練習吉他」，也「練習唱歌」，然後「索取武道館的手冊」。那個人穿上健二後，就能實現「想在武道館開演唱會」的夢想。原來，連健二也是被人穿著的人類套裝……

健二 我也是嗎？那樣豈止我們而已，**全世界所有人不都是被某人穿著的「人類套裝」嗎**？你看全世界的人都在持續實現眼前的某些「體驗」啊。

在許願「想成名」的人眼前，確實實現了「想成名」的願望；在許願「想交女朋友」的人眼前，確實實現了「想交女朋友」的願望。明明**所有人都毫無例外地在眼前持續實現願望**，但當事人卻從未注意到這個事實，甚至還說：「我的願望從未實現。」

然而，**只要想到自己正在被某人「穿著」，就會發現其實願望早就在眼前持**

續實現。

蜜郎　其實全世界的人都是被穿著的人類套裝……真像在拍電影。

地球是不是為了實現「某人」的體驗才存在？

健二　或許是吧。總之，**我們只是人類套裝這件事情肯定沒錯**。人類每天晚上一定會睡覺吧？我一直覺得這是個很奇怪的機制。你想想看，**不管是什麼樣的人都一定要睡覺**。這不是很奇怪嗎？那就是因為我們在睡覺時，脫掉了人類套裝的關係。雖然不曉得是外星人還是未來人，但總之他們會在那個時候暫停遊戲。

蜜郎　原來如此，然後隔天早上再去其他地方換上別的人類套裝嗎？也就是用插入「睡眠」的方式來重置記憶！

健二　沒錯，重置按鍵就是「睡眠」。

蜜郎　**的確，因為記憶這種東西「現在」正在創造，所以想捏造多少就可以捏造多**

健二

少。只不過是程式讓我們覺得「昨天也是我」、「前天也是同一個人」。只要準備好資料，穿著的人就會從穿上瞬間，毫不懷疑地相信「昨天也是我」。

也就是說，早上起床之後，這個故事就開始了嗎？畢竟人類每天早上都會起床……然後一打開玄關，就會看見與往常一樣的街道。這簡直就像舞台的佈景。

而被放在佈景中、穿著人類套裝的「我」，就會正式啟動一天生活。

如此一來，就能體驗還沒穿上人類套裝時不曾體驗過的「現實」。

多虧有這個人類套裝，**今天全世界的人也才能夠持續實現願望**。

在「想要變高」的人眼前，確實提供了「身高不高的現實」，那一整天才能夠獲得「想要變高」的體驗！

在「想住豪宅」的人眼前，確實提供了「住在破公寓而非豪宅」的現實，那一整天才

想住豪宅！
現實＝
沒有豪宅
⇒「想住豪宅」的
願望已實現！
現實＝
身高很矮
想變高！
⇒「想變高」的願
望已實現！

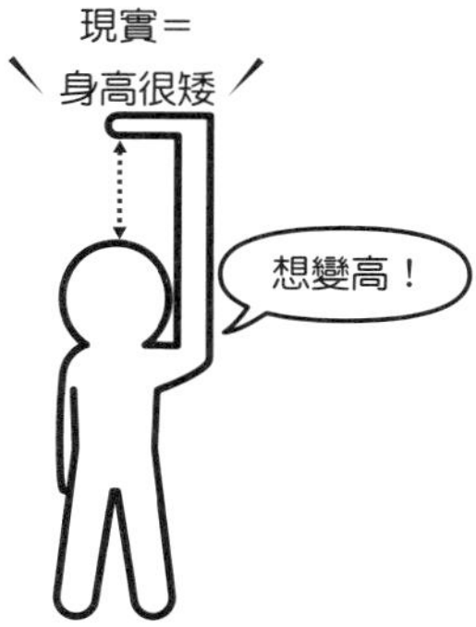

能夠獲得「想住豪宅」的夢幻體驗！

這是一場持續實現所有願望的體驗遊戲！

現在世界各個角落都有穿著「人類套裝」的某人，正持續實現夢想當中。

天啊，這……健二，你真的發現了非常不得了的事！

①全世界的人都正在被某人給穿著；

②全世界的人都已經在眼前實現夢想。

我們快把這個告訴卡德魯！要是寫成論文恐怕能得諾貝爾獎吧？

對了，我們也去找永田商量！那傢伙是教授，應該知道怎麼得諾貝爾獎才對。

蜜郎

「迷霧之中，有雙眼睛正盯著兩名大學生匆促從房間飛奔出去。

眼睛的主人一聽到大門關上的聲音，立刻「咿——嘻嘻嘻」地笑了起來。」

以往的教誨

如果夢想成為有錢人，就多學習「正確的」知識。

「想要成為有錢人」的願望，早已在眼前實現。

閣下的

「進入未來的我」想像法

a way to blow away your anger

時間的流動是幻覺，所以就算要進入未來的「㊎」體內，也不是什麼難題。只要閉上眼睛想像就好，想像在未來實現所有願望的「㊎」。

重點是要運用五感！

未來實現夢想的「㊎」正在看什麼樣的風景？

可以從豪宅的玻璃窗看到什麼？

一整片海景嗎？

在「想像中」看這些畫面。

接下來，那幢豪宅有什麼氣味？廚房裡是不是有私人廚師在準備山珍海味？聞起來香香甜甜的嗎？嘗了一口，是什麼味道？

回到客廳後，用手摸一摸牆壁吧，自然素材的燈心草蓆是什麼觸感？

再來，未來的我正在聽什麼樣的聲音？是豪宅外啼叫的小鳥嗎？那房間會熱嗎？會冷嗎？

最後，「未來的我」有什麼心情？覺得幸福嗎？試著用胸口去感受。

請像這樣徹底運用五感進行「彷彿現實般的」想像。

想像中的現實肯定會在轉眼之間被創造出來。

第4章

身體是神殿

正當性背後藏著當權者利益

早上。

一覺醒來，不同的「㊙」再度啟動。

這種每個人都應該會有的感覺，究竟是從什麼時候開始的？從有記憶以來嗎？還是更早之前？

明明剛才好像還在做著不一樣的夢，但一覺醒來以後，眼前就出現了唯一的「世界」。

僅僅殘留下一種莫名的感覺，感覺自己好像更完美、更自由、更像個什麼也不是的人……

直到這個「世界」對焦為止。

卡德魯的母親　卡德魯，起床了，你今天要出發去札幌啦，新生訓練的東西準備好了嗎？

我叫卡德魯，是住在函館的普通高中生。喔不，從今天起是大學生了。雖然以前大多是母親的聲音讓我對焦這個世界，但從今天開始，我要在札幌獨自生活。

「剛才好像還活在別人的人生中。」

讓我產生這種想法的零碎記憶還餘韻不絕，而我逐漸明白這樣的早晨總有特定的規律。

就是會想嘗試一些與以往截然不同的事。

有某種力量呼喚我邁向自己絕對不會踏上的道路，簡直就像魔鬼的誘惑。比方說，這一天就是如此。

平常看起來很普通的我，在班上明明是不起眼的類型，但不知為何……

卡德魯　您、您好，初次見面。

健二　這傢伙幹麼對你說敬語？該不會已經露餡了？

蜜郎　吵死了，你在這幹麼？我們在做新生訓練耶！二年級的不可以待在這。

健二　臭小子！你怎麼可以這樣冷血無情地踐踏我一片苦心？我是擔心你會寂寞才特地跟來！放學後，咱們操場見！

蜜郎　你是國中的不良少年喔！我看你只是來打探新生裡面有沒有正妹？

卡德魯　呃，那個……請問蜜郎同學原本是二年級嗎？

健二　你不用對他說敬語，因為那傢伙也是一年級。

啊，我是二年級的健二，你好。當然，你可以對我說敬語，因為我是二年級，也就是那個傳說中要費盡千辛萬苦才可以唸到的「二年級」。

蜜郎　呿！嗯……我是基於一些個人因素，不得不重新回味第二次的一年級生活。在下名叫佐藤蜜郎。

健二　你講的敬語好怪。

蜜郎　沒辦法，卡德魯同學講敬語，我們只好配合他。

卡德魯　您怎麼會記得我的名字？

蜜郎　在下之所以能夠記得您的姓名，是因為您方才在新生訓練上那段自我介紹的緣故。

健二　就說你講的敬語很奇怪。

蜜郎　畢竟您的自我介紹真的讓我抖了一下。怎麼說，就是……卡德魯同學看起來很老實不是嗎？沒想到……你說是吧，健二？

健二　我們剛才也正在講你的事哩，說你看起來一點也不像會呼麻的人。

卡德魯　喔，您說的是大麻草嗎？

蜜郎　是啊，連教授自己說要「徵求自由發揮的辯論主題」，他聽了還不是冷汗直流。他根本沒料到會有學生說出「想討論大麻」。

卡德魯　**大家早已被既定印象給洗腦**。蜜郎同學和學長也都有大麻草就等於毒品的印象吧？

蜜郎　那算是印象嗎？事實就是如此吧。

卡德魯　**不過在短短六十年以前，全日本都還有栽培大麻。**

蜜郎　什麼？那時候全日本國民都是癮君子嗎？

卡德魯　可以抽取大麻草的纖維。**神聖的神社注連繩至今依然是用大麻草編織而成**。它也可以變成衣服，榨出來的油還可以當燃料。事實上它不但可以吃，纖維發酵後還會變成金黃色。

總之，大麻草的用途很廣，而且種植起來也很簡單。但那就是問題所在。因為「低成本又能當作各種材料」，大麻草在戰後立刻就遭到駐日盟軍總司令部的方針禁止。

因為它會與石油製品競爭。靠石油可以做到的事，全都可以靠大麻草更便宜、更簡單地做到。這樣一來，萬一石油製品賣不出去就糟糕了，所以大麻草才會遭到禁止。

雖然表面說「因為那是毒品」，但仔細調查就會知道這並非真正理由。**只不過是因為「正當性」背後藏著當權者利益**。

順便告訴二位，北海道也有自然生長的大麻草。

大麻製品與石油製品（部分）

大麻製品	石油製品
神社的注連繩	塑膠
	瀝青
	合成橡膠
服裝	化妝品
燃料	汽油
食品	化學調味料

為了下一位使用「身體」的人

健二　什麼？你說這附近也有大麻嗎？

卡德魯　連這所大學所在的JR站名也叫「大麻站」對吧？因為這一帶以前也生長著許多大麻草。

蜜郎　原來如此，不過你怎麼這麼了解大麻？

卡德魯　因為我喜歡雷鬼啊。正確來說，應該是喜歡發源於牙買加勞工階級的「拉斯塔法里思想」[1]。

蜜郎　喔！你喜歡音樂？那就來加入我們社團。我們社團是搞樂團的，裡面也有很多新手，所以不會樂器也沒關係。

卡德魯　蜜郎同學是主唱吧？

健二　不是啦，這傢伙是鼓手，他上大學之前就開始玩了。我是吉他手，我從大學才開始玩。去年校慶，我們還表演了巴布．馬利（Bob Marley）的歌。

卡德魯　我也最愛預言巴布．馬利了！他透過雷鬼將拉斯塔法里思想散播到全世界。

蜜郎　預言家？

卡德魯　**雷鬼用語的「vision」，就是預知未來世界的意思。**

蜜郎　據說巴布・馬利在二十幾歲時，曾預言「自己會在三十六歲死亡」，也曾在三十幾歲時受過槍擊，並在遭到槍擊的兩天前向朋友提起這個預言。雖然我不是很了解，但看到像預言家這種人，**難道不會覺得「那就避開就好了」**！像基督也一樣，如果早就預知到自己會被釘死，乾脆別去那裡不就好了？

卡德魯　**有些事情的發展並無法改變**。或者，雖然看到了未來，但有些人還是想要按照自己的命運而活。

巴布・馬利並未逃避自己遭到槍擊的命運，因為他必須在受到槍擊後，舉辦一場全世界最有名的和平演唱會。**在有可能再度遭到襲擊的情況下，他不僅站上了舞台，還讓兩個敵對的政治團體在舞台上握手**。

1　拉斯塔法里（Rastafari），黑人反殖民的社會運動，使用大麻作為輔助冥想的靈性工具。

巴布．馬利的歌將一場發生在牙買加、造成數百人死亡的抗爭活動，合而為「一」了。

健二 啊，我知道那件事，是「One Love Peace Concert」，全世界最有名的演唱會。我在電視上看過，巴布．馬利在舞台上又唱又跳，興奮到完全失神了。簡直像被神附身一樣，真的超帥的。

卡德魯 事實上，神應該一直在他體內。**在雷鬼的世界，人類「身體」就是神殿**。以日本來說，就是神社。他們認為身體這座神殿，會請「某人」進駐，**所以「身體」絕對不能夠被玷汙**。酒精也不行，香菸也不行。他們只吃天然的食物——「ital food」。

蜜郎 那為什麼雷鬼那些人要吸大麻？看起來明明就對身體不好。

卡德魯 我就說那不是毒品，是自然生長的大麻草，跟用石油製的化學合成藥物不一樣，在大地上生根的大麻草不會危害「身體」。

健二 也是，只是會讓肚子痛而已。啊，卡德魯，我可先聲明，我是在除罪化的荷蘭吸食大麻。

卡德魯　**在荷蘭被視為「正當」的事情，到了日本卻遭到禁止，可見這條法律有多奇怪**。日本人跟荷蘭人明明就有相同的身體構造。

牙買加把那稱為「ganja」，日本名叫「大麻草」。

正因為大麻草是與神連結的工具，才會被使用在全日本的神社當中。

不僅大麻草，世界各地的印地安人或澳洲原住民等，也都有使用各地自然生長、含有幻覺成分的藥草，徹夜跳舞到天明的文化。藉由這樣的行為，得到與神連結的「vision」。

蜜郎　那種「身體是神殿」的想法，是不是類似租車的概念？因為隔天早上會換別人開，所以不可以弄髒裡面。

卡德魯　**不只是裡面而已，連外面也不能弄髒**。因為身體本身就是神殿。

你知道巴布．馬利怎麼死的嗎？

健二　我記得是因為癌細胞蔓延全身。

卡德魯　拉斯塔法里思想認為，**不能對「身體」這座神殿動刀**。所以明明被診斷出癌症，他卻拒絕動手術，連頭髮也不能剪，所以雷鬼才有那麼多留辮子頭的人。

健二　咦，所以那不是為了造型？是因為不能剪頭髮，才要燙那麼捲。

啊，不過我可以告訴你，蜜郎現在之所以留雷鬼頭，*純粹是想要帥而已*。

蜜郎　才不是！這是出於思想上的理由。謝謝你，卡德魯同學，幫我講出了留辮子頭的理由。常常傷害「身體」這座神殿的健二同學，恐怕只能下地獄。

卡德魯　但……蜜郎同學雖然留辮子頭，卻有穿耳洞，所以也不行。從思想上來說，您的行為充滿了矛盾（笑）。

蜜郎　臭小子，你笑什麼笑！竟敢嘲笑學長。

健二　你哪是學長，你是一年級！二年級的只有我，所以你也要對我使用敬語。

蜜郎　蛤？

卡德魯　呼，太好了！我本來還很害怕，還好有找你們聊天。

蜜郎　你為什麼會想來找我們聊天？

卡德魯　我好幾次做夢都夢到一個長得很像蜜郎的人，不過夢裡的人是個歐吉桑就是了。

蜜郎　臭小子，誰准你直呼我的名諱！至少該稱我為蜜郎同學！

早上睜開眼睛，另一個不同的「我」又開始。
明明剛才似乎還做著不同的夢……好像是……三年前剛升上大學的「我」。
但一覺醒來，眼前布置好的「世界」，是獨自生活的札幌公寓中，那令人熟悉的天花板。
感覺各種新的「我」都會在每天早上重新開始。
無論如何，多虧現在「獨自生活」，才有更多時間回溯夢的記憶。
如今再也聽不到媽媽的聲音強行破壞這段夢與現實交會的「渾沌時間」。
當然今天也不會聽到……

蜜郎　起床！卡德魯！

卡德魯　喂！你不要打斷我起床後的渾沌時間！這是我人生中最幸福的瞬間！而且你為什麼會在我房間裡？

健二　怕你被玲子甩了以後大受打擊，做出什麼傻事……所以我軍強行突破房門。

卡德魯　這……你們……有沒有搞錯，快還我門來！

蜜郎　人命無價，打工加油吧。我也要去學校了！

健二發現我可以靠著卡德魯的「人類套裝論」角逐諾貝爾獎！

卡德魯　怎麼回事？你說的話我沒半句聽得懂，憑什麼你要靠我的理論角逐諾貝爾獎？

「這三人所居住的，喔不，是大部分同學就居住在學生街上。
從各自的家走路不用三分鐘即可抵達校園。
或者說，這座圍繞著校園蓋出一幢又一幢學生公寓的城市，幾乎只有學生居住。
但在暴風雪襲擊的這一天，總共只有三道足跡邁向校園。」

永田教授　Yah man！（牙買加方言中的招呼語。）今天明明因暴雪停課，你們還來學校幹麼？

蜜郎　教授，請告訴我得諾貝爾獎的方法。

永田教授　蛤？

蜜郎　健二，怎麼辦？要跟教授說嗎？我看電視劇都演教授偷了研究生的構想以後，為了封口而把學生……

永田教授　我對「名譽」沒有興趣。

蜜郎　那這件事只跟你說。教授，你記得卡德魯以拉斯塔法里思想為基礎，構想出來的「人類套裝」嗎？就是他在專題討論時妄想說，如果有技術可以把人替換到全世界的人類體內，就可以想做什麼就做什麼。

永田教授　那叫做思想實驗，不是妄想。

愛因斯坦和牛頓都很常用這種方法，先以「假如……」的想法為起點，再用可以證明這個想法的事實驗證。

蜜郎　總之，我在今天早上發現……

健二　蛤？那是我的功勞吧！你為何要搶走我的功勞？

蜜郎　他不是假設全世界的人都是「單純的套裝」嗎？

為了進行各種「體驗」，這種人類套裝被安置在各種地方，**而這款遊戲就是每天早上只要進入喜歡的套裝裡，就可以在安置的地方享受那裡的人生**。

永田教授　這些我都在專題討論時聽過啦。

蜜郎　還有後續。想要體驗「想成名」這個現實的人，只要穿上健二就行了。因為只要穿上健二，**就能夠全面體驗到「想成名」的「世界」**。

例如「即使搶走別人的構想也要把功勞往自己身上攬的體驗」，或是「明明吉他彈得很爛卻還指望站上武道館的體驗」等等。

接下來是我自己今天早上發現的事，就是鑽進套裝裡的傢伙已經完全化身為健二，他就等於是健二了。因為他消除了穿上「健二」前的記憶，所以才能夠盡情享受這個「體驗」遊戲。這樣一想，那**是不是全世界的人類，都已經被某人給穿上**？況且事實上，大家每天早上都會「啟動」。我還發現，全世界所有人的眼前，都在持續實現「願望」。

我打算取我們三人名字的第一個字，將這套理論命名為「蜜郎理論」。

健二　根本就沒有我們的名字！

卡德魯　全世界所有人的夢想都在眼前持續實現？我今天早上沒聽到，你再說明一遍。我的願望是「想跟玲子復合」，但這並沒有在我眼前實現，因為我們並沒有復合。

世界是願望體驗舞台

蜜郎　已經實現了。你的夢想是「想跟玲子復合」吧？那只要穿上你，就會是全世界最能夠實現那個夢想的人。

難道有其他遊戲比你更能夠體驗到「想跟玲子復合」嗎？

卡德魯　我敢說全世界最「想跟玲子復合」的人絕對是「我」，但我聽不懂你們在說什麼。

蜜郎　只要穿上卡德魯，「想跟玲子復合」的願望就會實現。反過來說，為了實現你的願望而準備的現實體驗舞台，就是「世界」。

我、健二和永田教授都是，

現在全世界所有人的眼前，

都播放著「世界」這個遊戲畫面，

而「世界」會符合那個人的期望，毫無例外。

這就是我想到的「人類套裝論」。

卡德魯

就說那是我的理論。我覺得我慢慢聽懂了。這就好像電影《駭客任務》的世界，在每一個不同的「㊙我」面前，提供了各種不同的「世界」。

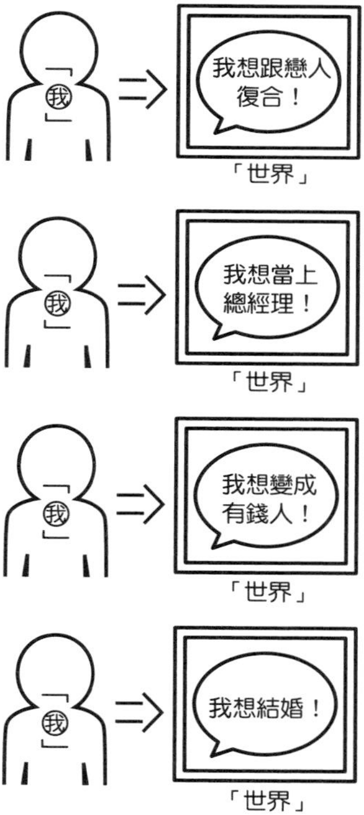

「我」⇒ 我想跟戀人復合！
「世界」

「我」⇒ 我想當上總經理！
「世界」

「我」⇒ 我想變成有錢人！
「世界」

「我」⇒ 我想結婚！
「世界」

蜜郎　我還沒看過那部電影，好看嗎？

卡德魯　我從大一時不就一直跟你說要「一起去看」？為什麼你明明沒看過那部電影，卻可以理解「人類套裝」？連第二集都已經在上個月上映了。

蜜郎　什麼？我連第一集都還沒看，這麼快就上二了？

卡德魯　才沒有「這麼快」，你明明有四年左右的時間可以猶豫！那個導演肯定有受到雷鬼的影響，因為《駭客任務》中出現的「錫安」、「三位一體」和「預言家」，在雷鬼當中都有很重要的地位。這是抄襲！抄襲！

永田教授　你們談的東西是很有意思，但沒辦法得諾貝爾獎。

蜜郎　蛤？為什麼？得諾貝爾獎的難度更高嗎？

永田教授　因為……因為諾貝爾獎是我的！

蜜郎　糟了，大家快逃！這傢伙想幹掉我們！

卡德魯　呃，教授，不要開玩笑了，請告訴我們為什麼無法得諾貝爾獎。

永田教授　因為那些全都是已知概念。

例如剛才提到的「世界」與「㊚」，就是量子力學中討論的「觀察者」與「被觀察對象」，**眼前發生的事情，全都是那個人所「觀察到的」事情**。實驗結果已證明了這件事。

此外，「我」與「世界」是具有對稱性、自旋（spin）不同的成對粒子。**簡單來說，就是「我」與「世界」維持鏡像關係。**

如果我是「觀察」者，世界就是「被觀察」者；

如果我是「渴望」者，世界就是「被渴望」者。

在渴望金錢的「我」的眼前「世界」裡，有被渴望的金錢。

在想站上武道館的「我」眼前，那個令人嚮往的武道館被投射在「世界」裡。

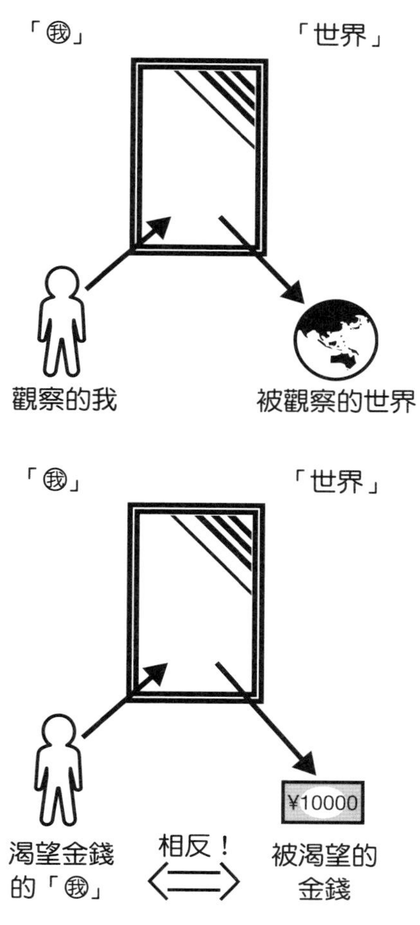

「我」與「世界」維持著完全相反的鏡像關係。

健二　天啊，完全相反！

永田教授　況且，「人類套裝」理論雖然是非常有趣的構想，但究竟是誰進入其中？你們的思考實驗有做到這種程度嗎？

希臘哲學稱之為「本原（水）」、

新柏拉圖主義稱之為「太一（至善）」、

天體物理學等稱之為「奇異點（singularity）」。

附帶一提，卡德魯最愛的巴布·馬利都用「One」來表現這個概念或唱進歌裡。

蜜郎　我放棄了，真沒想到從希臘時期就有人在討論是誰鑽進了「人類套裝」。

永田教授　不過，**目前還沒有學者可以串聯這些概念，用淺顯易懂的話加以說明**。或許你們可以做到這件事，搞不好最後的成果還可以整理成一本價值超過諾貝爾獎的書。

好，我決定了，你們的畢業論文題目就是「人類套裝論」，而且只能用淺顯易懂的文字去彙總內容。這次就破例以三人合著的形式，讓你們一起完成畢業論文。

蜜郎　以三人合著的形式，取各自名字的第一個字，命名為「蜜郎理論」……教授，這真是個好主意！

健二　好你個大頭！到底要講幾遍，臭小子。

卡德魯　可是教授，我們不想寫論文，還是請你現在就用簡單易懂的方式一一講解給我們聽吧。

蜜郎　對啊，那樣不是輕鬆多了！

永田教授　我只給你們提示。

蜜郎　又來了，你每次都說「我只給你們提示」！上次也是，說什麼**宇宙只有四%能被人類感知，其餘九六%都是看不見、摸不到、聞不到、無法揣測，甚至無法化為言語、無法想像的未知物**，害我們好奇得不得了。結果問你為什麼？你只回答：「提示就是『暗物質』、『暗能量』，剩下的請自己去調查。」就落跑了。

永田教授　我才沒有落跑。

因為別人告訴你的東西，一點價值都沒有，別人的「正當性」與你毫無關係，就算被迫接受別人的「正當性」，也只會覺得很痛苦，**自己去「發現」才有意義**。

對了，你們調查了嗎？暗能量是什麼？

蜜郎　我昨天才在二手書店買了一本奇怪的書叫《黑暗能量入門》，我還以為那本書是《暗能量》。

永田教授 很好，跨出你們的腳步。親手創造自己的世界才有意思。那這次也給點提示好了，你們認為宇宙和蜜郎，誰的年紀比較大？

蜜郎 你在說什麼啊？我才二十三，宇宙有一百億歲了吧？

永田教授 **宇宙和你的年紀一樣大**。請回去查一查**「量子力學中的觀測者效應」**。

接下來輪到健二，健二和宇宙誰比較龐大？

健二 我比較龐大！

永田教授 **宇宙和你的大小一模一樣，質量相等，連一毫米的差距都沒有**。請好好研讀**「基本粒子物理學中的成對產生與湮滅」**。

再來，卡德魯，請你再聽更多的雷鬼，請全心傾倒於雷鬼，了解「唯一真神雅威」與巴布．馬利唱的「Jah！Lives！」的關聯[2]，獅子與猶大支派的關聯[3]，甚至請你手舞足蹈地大喊「海爾．塞拉西一世（Haile Selassie I）！」

卡德魯 我知道「海爾．塞拉西」，他的名字常出現在雷鬼的歌詞裡。他是著名皇帝。我記得海爾應該是「權力」，而塞拉西是「三位一體」，所以歌詞卡上都翻譯成「三位一體的權力」。

永田教授 不，不是手舞足蹈地大喊「海爾．塞拉西」，而是「海爾．塞拉西一世！」既然要全心傾倒，就要了解雷鬼文化到這種程度才行。

操作「你」的人是誰？

健二 是說，為什麼每次卡德魯都只要聽聽雷鬼跳跳舞就好？我和蜜郎就得去研究艱深的物理或哲學。

永田教授 物理學與音樂並無二致，柔道與茶道也沒有分別，**全都是通往一的「道路」**。**不管從哪裡開始追本溯源，最後的終點都是「一」**。

請試著用你們自己的語言呈現。「我」與「世界」是非常好的呈現方式，「人類套裝」也是非常好的呈現方式，不要被艱深的話語或學問給騙了，要用你們自己的語言整理成畢業論文。

最後再給一個提示，我問你們三人一個問題。世界上總共有多少人？

蜜郎 我記得是六十億左右？

健二 笨蛋，現在已經超過七十億了。

2 拉斯塔法里思想認為，由於他們的祖先觸犯了Jah（真神耶和華的簡稱），黑人才被流放到牙買加成為奴隸，他們相信將會有一位救世主轉世，解救受欺壓的黑人。雅威（Yahweh）即耶和華；「Jah！Lives！」即「神活著」（耶和華還在世）。

3 獅子為以色列十二支派當中猶大支派的象徵，源於《創世記》中，雅各為猶大祝福時所說的話：「猶大是個小獅子；我兒啊，你抓了食便上去。你屈下身去，臥如公獅，蹲如母獅，誰敢惹你？」

永田教授　你們都錯了，**世界上只有身為太一（to hen）的「㊐」而已**。

蜜郎　蛤？世界上只有「㊐」而已？怎麼可能，健二不就在這嗎？

永田教授　這裡只有剛才說健二在這的「㊐」而已。請你們三人回去了解一下禪。再會，Respect！

「三人走出建築物時，外頭的暴風雪已經停了，但來時留下的足跡已完全消失，四周一片雪白。」

蜜郎　真拿那個教授沒辦法，每次都用三言兩語勾起學生的興趣，卻一點艱深的概念都沒提到，還讓學生自己去研究。那傢伙是不是詐騙分子？

卡德魯　不過他也挺了解年輕人的文化。你們知道他最後那句「Respect！」的意思嗎？正宗的雷鬼人都用那句話代替「再見！」

健二　哇賽，他不僅知道「Yah man！」這句著名的牙買加式招呼英語，連「Respect！」都曉得？我真心Respect。

蜜郎　唉……我們得自己踩出腳印向前進嗎？麻煩死了！真想踏著別人的「正確」足跡走。

你們看羅森（LAWSON）便利商店，連建築物與道路的邊界都完全被雪埋住了，這樣要怎麼走？

> 羅森前的叉路是三人分道揚鑣之處。
>
> 這三人的公寓，不，許多朋友的公寓都位在這條學生街上，跑到彼此家不用五分鐘的時間。
>
> 在這個積雪掩埋文京台的夜裡，雪景如實體現了何謂「喧囂中的孤獨」。
>
> 在這條小路上，在如此狹窄的範圍裡，許多朋友確實在此坐臥晨昏。
>
> 稍微走幾步路，每晚都會遇到朋友在某個角落玩鬧。
>
> 即使不實際前往那個地方，還是可以奢侈地擁有「有人在」的安心感，同時獨自在房裡享受「一人」時光。
>
> 喜歡喧囂中的孤獨——
>
> 蜜郎喜歡如實體現此事、如夢似幻的文京台，以及降下豪雪的夜晚。

魔鬼　怎麼這麼晚才回來。

蜜郎　啊，我忘得一乾二淨了。祢說祢叫什麼名字？魔鬼大人？

魔鬼　我是有別於小暮閣下的另一個閣下。剛才那位教授真不錯，他不是善勢力的一員。

蜜郎　「善」勢力是什麼？

魔鬼　對喔，我只跟未來的你說明過而已。

「善」就是指不用自己頭腦思考，只會盲目接受別人的「正當性」，一味畏懼「惡」的人。

蜜郎　喔！就是很遜的人，不過今天遜一點沒關係，拜託誰來簡單地教我一下畢業論文的內容。

魔鬼　問未來的你就好啦，你每次演講都講那些內容。

蜜郎　蛤？演講？我開始搞宗教了嗎？不是演唱會喔？樂團呢？不玩了嗎？

魔鬼　你寫了一本書叫做《與神聊天》。

蜜郎　哇，我完全瘋了。超帥的吧，一點也不遜。

魔鬼　未來的你，經常在演講時提到：**「有某人正在做『㊙』這個夢」**的譬喻，要去未來看看嗎？

蜜郎　蛤？真假？去得了嗎？

魔鬼　我不是跟你說過時間並沒有所謂「正確的」單一流向，而且擁有超越「正當性」力量的魔鬼也不會受其左右。不過去得了的人是卡德魯。

蜜郎　蛤？為什麼？我說我想去！

魔鬼　「你」沒辦法與「你」相遇，

　　這就是One的線索。

一覺醒來，另一個不同的「㊎我」又開始了。

不過在那個「㊎我」開始之前，有那麼短短一瞬間的渾沌時間，我還沉浸在「什麼也不是」的餘韻裡，那是我在這個世界上經歷過最棒的瞬間。

在渾沌之中，一幕相同的場景反覆上演，有個非常幽默的歐吉桑站在台上，台下有數萬名把會場擠得水洩不通的觀眾。他一會兒逗得大家哈哈大笑，一會兒讓人點頭如搗蒜，一會兒又使人感動得熱淚盈眶。

雖然覺得此人似曾相識，卻又想不起來他是誰。

歐吉桑　「你」真的是你嗎？

一言以蔽之，這就是今天演講的主題。中國有個故事完整傳達出這個概念，我常常借用來台上分享。

大家知道「莊周夢蝶」嗎？

兩千年前，中國思想家莊子在家裡緣廊上打盹時做了個夢，在夢裡他變成了一隻蝴蝶，他在花田裡飛舞、吸取花蜜、與蜜蜂追逐，完全就是一隻不折不扣的「蝴蝶」。

然而下一秒鐘，當他猛然睜開眼時，卻發現自己在家裡的緣廊上睡著了。

你們認為他會說「什麼嘛，原來我做了蝴蝶的夢」嗎？如果是一般人確實會那樣講。但因為他是當時中國最聰明的思想家，所以他說：

「究竟是我做了蝴蝶的夢？

還是蝴蝶正要開始做『我』的夢？

誰也無法判斷此事。」

他說的確實有道理吧？

你在夢裡毫不懷疑自己「是蝴蝶」。因為在夢開始的瞬間你就已經完全化身為「蝴蝶」，根本不會想說現在是「人類」在做「蝴蝶」的夢。

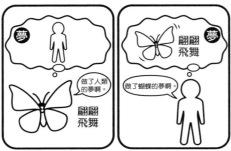

哪個才是夢!?
夢
做了人類的夢啊。
翩翩飛舞
夢
翩翩飛舞
做了蝴蝶的夢啊。

同理，雖然你今天早上以「人類」的姿態醒來，**但搞不好只是某個人現在正在做「你」這個夢而已啊**？

以往的教誨

眼前的現實肯定是「正當」且無庸置疑的事實。

說不定有某個人，正在做「你」這場夢。

無論是中國 3,000 年的歷史、最尖端的量子力學還是腦科學都這麼說喔！

半個「月」後改變性格的魔鬼排毒法

a way to blow away your anger

為了讓身體這座神殿保持乾淨，以下是來自閣下的訊息。

飲食即宗教。

把同種類食物吃進腸道裡的人，會採取同樣行動、說出同樣言論、煩惱同樣問題。

人體因為先有「食物」才得以存在。

從物質上來說，進入你們體內的只有「空氣、水與食物」而已。

進入體內的食物不同，身體就會呈現不同的發展方向。

愛吃速食的年輕人會有同樣打扮、使用同樣語言、同樣容易生氣，並且在同樣時段聚集在麥當勞裡，這些人優先把速食這項「正當」飲食吃進身體。

素食主義者也是，因為只吃蔬菜，所以會形成同樣的思考、以同樣的霸氣宣揚理想、做出同樣打扮、擁有同樣的願望與煩惱、在同樣的時刻睡覺。

事實上，受到飲食控制的事實，還有受到飲食控制的「那群人」應該都很容易想像得到吧？

飲食就是一門宗教。

還有最好意識到：

我先前受到腸道控制。

如果換個方式來表達，斷食就是在身體這座神殿中清理出空間。

唯有騰出空間來，「你」才能注入新的可能性。

※ 編輯注釋

最新的醫學研究顯示，荷爾蒙傳導物質會從腸道前往大腦。換言之，「意念」、「思考」或「性格」等大腦的指令，是由「腸道」率先發出的指令所決定的。

因為這項發現，目前也展開由腸道著手治療自閉症兒童的研究。

此外，美國有另一項研究顯示，將健康者腸道內的糞便移植到他人腸道內，有助於改善病情，甚至連個性也會變得像移植者。

吃的東西甚至會決定一個人的思考或行動。

或許不用 5 年，科學就能完全佐證閣下那句強而有力的「飲食即宗教」吧。

※ 作者注釋

為什麼是「14.5 天後」？我也不清楚（笑）。我想大概是代表月亮週期的一半，反正請用「你」的身體實驗後提出報告（笑）。順帶一提，月球是牽動水的行星，所以人體內有 80%受到月球影響。

飲食不僅會影響思考，甚至會改變一個人的意念、行動與夢。
當然，其中並沒有「好」或「壞」之分。
我只是在說明當中的機制而已：飲食相同的一群人會採取同樣行動。
看穿這個機制的當權者便開始洗腦大家：正確地食用「○○」吧。
因為只要設計讓大家吃同樣的食物，就很容易形成擁有同樣「正當性」的團體。
善勢力就是這樣從飲食開始進行最初步的洗腦。每一種宗教都一樣。
「正確的」食物被規定在聖典裡：吃那些「正確的」食物！別吃那些「不正確的」食物！
該如何才能克服這個從腸道即可操控「你」意念的「正當性」呢？
「吃更正確的食物」？錯，是返回入口處。
在思考「吃什麼才是『正確的』」之前，應該先注意到更前面入口處的問題，也就是「吃」這件事情本身正確嗎？
你們現代人因為一直以來都著重於「吃更正確的食物」，所以體內積滿了毒素。你們不需要再吃更多東西了。
況且現代社會幾乎沒有天然的食物，所以只要一天就好，

試著做出「不進食」的選擇，超越試圖從腸道來操控你的「正當性」。

試著斷食一天，別讓純水以外的東西進入你身體。
相信在 14.5 天之後，你會明顯發現自己的「意念」、「願望」或「行動」有所改變。因為操控「你」的東西從體內開始改變，連帶也改變了你的行動。
不過由於你們人類一旦改變，就會忘記「變化前」的事，因此請先寫下斷食前一天的「煩惱」、「願望」或「意念」，並在斷食 14.5 天後拿出來比較。相信結果會明顯地判若兩人。

waiting…

第5章

造反的御守

紀錄人生所有「瞬間」的底片

「一早，水流汩汩而出的聲音，再度把「我」喚回眼前的「世界」。」

蜜郎 誰啊？健二嗎？你昨天睡在我家？

蜜糖吐司 老公你在說什麼？今天是你負責送小砂糖去幼稚園的日子吧？快點帶她去上學。

蜜郎 咦？嗯，對吼，我才沒有什麼叫「健二」的朋友，我在做夢吧。嗯？不對，有這個人，健二是我從大學以來的好麻吉。對啦，我只是做了大學時代的夢。唉，那時候可真幸福！好想回去文京台。

魔鬼 你是想說有我在的現在很不幸嗎？

蜜郎 啊，閣下。咦？怎麼有一種好久不見的感覺……

魔鬼 那只是錯覺而已，這世上的一切都是錯覺。

蜜郎 一直到我起床之前，好像都還在過大學生的冬天，這或許也是錯覺吧。感覺好像瞬間跳過「大學生」到「今天」之間的日子。

魔鬼 時間的流向是幻覺，時間不會朝著單一的「正確」方向流動，也沒有「正確的」順序。

昨天可以體驗「未來」，明天也可以體驗「過去」。

蜜郎 祢說的話讓我有點驚慌。

魔鬼 就像底片一樣，**有好幾張「瞬間」的底片，十張依序排列就會變成「動態」**。

蜜郎 電影的播放原理好像真的是那樣，轉動二十四格的圖像才構成「一秒」的動態？如果是《鐵達尼號》那種大約三小時的電影……二十四格×六十秒×六十分×三小時＝……算不出來，總之辛苦詹姆斯．卡麥隆（James Cameron）導演。

魔鬼 短短三小時的電影，「瞬間」的底片也多得無以計數。

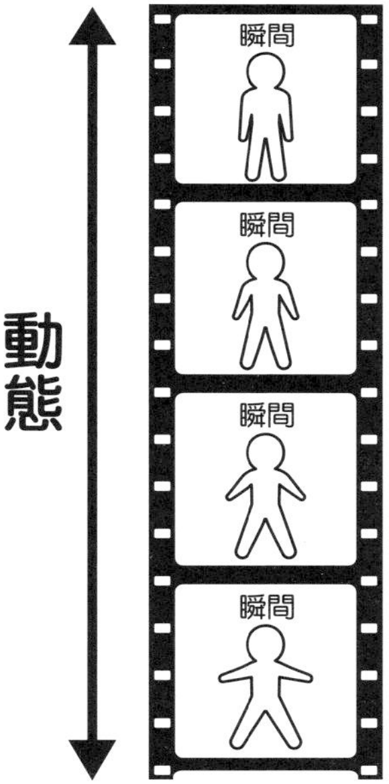

瞬間
瞬間
瞬間
瞬間
動態

而**一個人也有紀錄人生所有「瞬間」的底片**。從出生到死亡、從過去到現在，所有「瞬間」的底片。

何止如此，全人類都有那樣的底片。死去的人有一輩子的底片，還沒出生的人也有一輩子的底片，當然，現在還活著的每一個人，也都有一輩子的「瞬間」。這樣總共有多少張？

蜜郎　總之呢，我唯一知道的就是我算不出來，還有這個數字一定非常非常地大。

魔鬼　**是趨近於無限大**。全宇宙所有的生命，無論是過去的偉人、未來的蝴蝶、過去的你，或是未來的別人，**從所有的角度看到的所有「瞬間」底片，都存放在這個宇宙**。

蜜郎　光用想像的就覺得是個驚人的數字。

魔鬼　根本不可能有辦法想像，因為現在這個「正在想像的蜜郎」，也是那些「瞬間」底片中的一張。

所有角度下的每一個「瞬間」，也就是宇宙中可能發生的所有事情的底

片，都被存放在一個地方，**那就是宇宙本身**。

但那些底片的右上角並沒有標示順序，不會寫「A-1、A-2」來代表A某的第一張、第二張，所以就算昨天看「未來」的底片，明天看「過去」的底片，也不稀奇。

蜜郎　原來如此，**如果底片上沒有寫順序，先看「未來」的底片也可以吧**。

魔鬼　然後因為也沒有寫「A-1」或「B-1」，所以不見得昨天一定是「A-1（＝昨天也是A某）」。昨天也有可能是「其他不同的人（＝B-1）」。

可能昨天看了別人的「B-1」，今天看我未來的「A-6」，接下來看別人過去的「C-5」，下一秒又換「F-1」……也就是說，**昨天以前的「我」，有可能不是這個「我」**。

蜜郎　昨天看的是別人的底片？那樣自我認同會崩潰吧，畢竟**自我認同就是相信「我昨天也是我！」的「我」形象集合體**。

魔鬼　崩潰也不錯，要懷疑所有「正當性」。

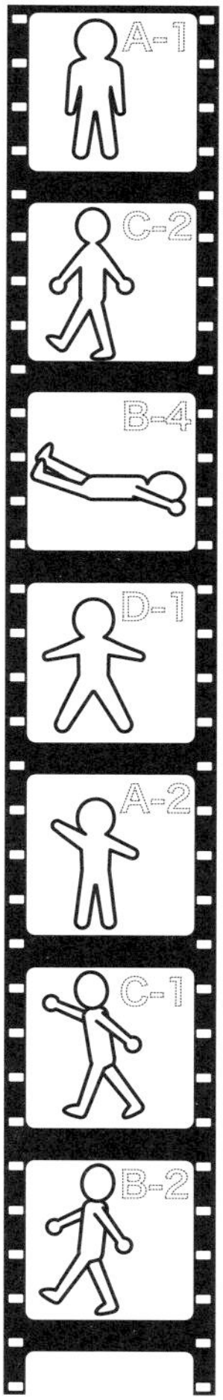

A-1
C-2
B-4
D-1
A-2
C-1
B-2

蜜郎 但假如底片沒有順序、顛三倒四，**那說真的，我昨天到底是誰**？從這張臉蛋來看，莫非是……布萊德．彼特？還是詹姆斯．狄恩（James Dean）？

不過祢說底片都是「瞬間」的吧？這樣豈止是昨天而已，連一秒鐘之前的樣子都不「確定」了……**我在一秒鐘之前是誰**？

魔鬼 誰也不是，既是全部又不是全部的存在。

蜜郎 不是啦，不要用那麼抽象的描述，我想具體知道一秒鐘之前的我究竟是哪張底片？

魔鬼 雖然目前看來，最有力的候選人就是布萊德．彼特……

沒有人知道「之前」是哪些底片，魔鬼不知道，神也不知道，**因為「之前」本來就是虛構的概念**。

才沒有什麼「之前」，如果有「之前」，不就會產生固定「順序」？就會有「正確」順序，「之前那個」是一號，「現在這個」是二號，「之後那個」是三號。**但才沒有什麼「正確」順序**，宇宙當中只有「現在」而已。

蜜郎 蛤？那沒有半個人知道我在一秒鐘之前是誰？

魔鬼 唯一確知的只有一件事，

就是在現在這個「㊙我」眼前，有「世界」這一張底片。

蜜郎　正在發生的事實僅此而已。

這樣啊。假如〔　　〕是「瞬間」底片，**〔之前確實存在才對！〕只不過是被收進這個「瞬間」底片**。現在在眼前的「瞬間」底片裡，〔之前確實存在才對！〕正在發生。這麼說來，自我認同也……〔過去是小學生，接著變成中學生，然後變成大學生！〕的記憶，只不過是發生在〔現在〕的底片裡。

魔鬼　沒錯，到頭來就只有〔現在〕這張底片而已。**〔現在〕這個瞬間，在「我」的眼前，有「世界」這一張底片**。再一次強調，正在發生的僅此而已。

蜜郎　畢竟記憶只不過是腦中的資料。

魔鬼　嗯，雖然你好像完全理解了，但其實你還有很多無法克服的「正當性」。要我給你一點提示嗎？

蜜郎　拜託了！

魔鬼　我去見過二〇〇三年的你，但你現在看到我時，卻說：「初次見面。」

蜜郎　什麼？

什麼也不是的人，才是人類起點

「快帶小孩去幼稚園！」儘管魔鬼的耳語帶來不小衝擊，但妻子的怒吼聲卻對耳膜帶來更大衝擊。

步行到女兒的幼稚園需要十五分鐘。父女兩人一會兒走在樹蔭下，一會兒走在電線桿陰影下，躲避著灼人的夏日豔陽，最後兩人在幼稚園門口互相道別：「拜拜，再見囉。」

沒想到蜜郎原路折返才三分鐘，竟然就到了剛才說的「再見」時刻。

小砂糖　把拔，等一下！

蜜郎　咦？妳怎麼跑出來了？妳不想去幼稚園也不能翹課呀？

小砂糖　不是啦，不是這樣！我弄丟重要的御守了。把拔在一星期前從奈良帶回來給我的鈴鐺御守。我想應該是掉在來的路上了，我們一起找一找。

「兩人往家的方向前進，尋遍每一處被陰影遮蔽的角落，但都沒看到遺失的御守。」

蜜郎　妳上學快遲到了，還是別找了。

小砂糖　沒關係嗎？

蜜郎　什麼東西？

小砂糖　有人說：「弄丟御守會遭天譴。」

蜜郎　哪個傢伙在那邊胡說八道，他在騙人、騙人！

小砂糖　真的嗎？

蜜郎　真的，妳想想看就知道，**就算沒了御守，也只是回到「沒有御守之前」而已。**

小砂糖　什麼意思？

蜜郎　小砂糖拿到御守，只不過是一星期前的事吧？**在拿到御守之前，妳不是就很幸福了嗎！**

小砂糖　但沒有那個就無法得到幸福啊。

蜜郎　才不是，那個叫做「執著」。那是大人最喜歡的詞，連把拔也不例外。

小砂糖　執著？

蜜郎　比方說，假如把拔是魔鬼，我想要欺騙在森林裡過著幸福快樂日子的小女孩，妳覺得把拔可以怎麼做？

小砂糖　就是說你想要惹小女孩不開心吧？嗯……我知道了！拿大便丟他！

蜜郎　小砂糖……我拜託妳以後別再跟妳哥哥玩了。把拔希望妳可以天真無邪地長大……女孩子不要說「大便」這種話。

小砂糖　可是被人丟大便真的會不開心！

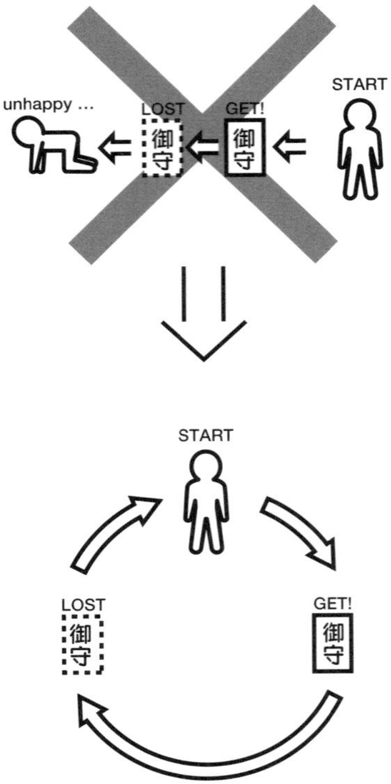

蜜郎　丟人的也不開心吧！因為手會沾到大便。把拔因為很聰明，所以會：**給小女孩一條「紅頭巾」**。

小砂糖　蛤？把拔人也太好了吧。

蜜郎　隔天還要再**給小女孩一個裝蘋果的籃子**。

小砂糖　那樣就會變成圖畫書上的小紅帽！在籃子裡面裝蘋果，讓她被大野狼攻擊？

蜜郎　不，是某一天裝扮成魔女去小紅帽家跟她講：「**嘿，小妹妹，妳只要失去那條『紅頭巾』與『籃子』就會被詛咒！耶嘿嘿嘿！**」

小砂糖　為什麼？

蜜郎 **小女孩本來在森林裡過著幸福快樂的生活，**在擁有「紅頭巾」之前，從來沒擁有過紅頭巾，在得到「籃子」之前，從來沒擁有過籃子，即使如此，她還是很幸福，一點煩惱也沒有。

但如今那個小女孩卻深信「只要我失去籃子或紅頭巾就會變不幸」。

妳看，她現在是不是開始產生奇怪的誤解了？這就是「執著」。

小砂糖 真的耶，把拔好恐怖！竟然欺騙小紅帽！

蜜郎 不只是小紅帽，大人基本上都會被這種事情給欺騙，**也就是「只要失去某些東西，就會變不幸」的說法。**

失去工作的話、失去房子的話、失去朋友的話、失去身體的話，大家總是**對於「只要失去某些東西，就會變不幸」的想法感到害怕，**但事實是：

所有得到的東西，在得到之前，都沒得到過。

如此而已。不僅物質如此，地位也一樣。**在成為「某號人物」之前，你「什麼也不是」**。

小砂糖 地位是什麼？

蜜郎 妳看「小紅帽」是不是很有名？所有人都知道她，所以她就是超級巨星。只要去街上就會有人給她蘋果，大野狼一出現，村民就會異常警戒地保護她。顯然她得到了「地位」。

小砂糖 這麼有名不是很好嗎？

蜜郎 但小紅帽現在肯定**不想失去「小紅帽」的身分，而每天坐立不安**。她忘記自己在成為「小紅帽」之前，雖然「只是森林裡的小女孩」，一樣過得很幸福。她忘記就算自己以前身無分文、默默無名，還是過得很幸福。**誤以為只要沒有「某些東西」、只要自己不是「某號人物」，就無法過得幸福快樂**，然後深陷在「不想失去」的執著中……但這是不可能的，**因為得到的東西，總有一天會全部失去**。於是所有的大人都戰戰兢兢地過日子，連把拔也是。

小砂糖 把拔也會害怕嗎？

蜜郎 是啊，因為所有的大人**都以為自己成為了「某號人物」**，覺得「我是偉大的老師」、「我是勇敢的警察」，或「我是幸福的家庭主婦」，然後只要失去那些身分，就會陷入不幸。

但事實並非如此，即使失去一切，**原則上依然沒有任何人會陷入不幸，**因為每**一個人在成為「某號人物」之前，全都經歷過「什麼也不是」的階段。**

如果小砂糖也能完全了解這個祕密的話，妳就會知道，**世界上沒有人會真的陷入不幸。**

小砂糖 所以就算把警察炒鱿魚，他也會一樣幸福嗎？

蜜郎 當然囉！像把拔就有個朋友在當警察，但他念小學的時候最愛一邊丟大便一邊爆笑了。只要回到小時候，每一個人都只要扔扔大便就很幸福。

小砂糖 所以只有大便是不能失去的東西對吧？

蜜郎 沒錯，只有大便是絕對不能失去的東西！其他的東西，全——部，不管是什麼東西，全都可以失去。好了，現在我們一邊走去幼稚園一邊尋找大便吧。

太陽只比早上升高一些，但遮蔽兩人的「陰影」卻變少了。

剛才在黑影中沒找著的鈴鐺，這時已在陽光下閃耀發光。

蜜郎看著女兒發出幾乎蓋過蟬鳴的叫聲，滿臉笑容地撿起鈴鐺。

「她現在還，什麼也不是」——

魔鬼　如果用你的話來說，那個魔女可是「善」勢力。

蜜郎　什麼意思？

魔鬼　魔女不是跟小紅帽說「失去的話就糟糕了」嗎？那樣威脅的勢力！那種勢力都**告訴人家說如果沒有「什麼東西」就不會幸福，而不說「在失去之前，只是沒有得到而已」的事實**。

蜜郎　那樣的勢力真的存在嗎？

魔鬼　父母不都說：**如果失去「體面的職業」，事情就會很嚴重**。老師不都說：**如果不當個「聽話的乖孩子」，以後就會進監獄**。在成為大人以前，動不動聽到「失去就完蛋了」、「失去就完蛋了」，你覺得孩子會怎麼想？**當然會執著於「扮演某號人物」，並且害怕改變**。但這些全都只是洗腦而已。

不要執著於扮演現在這個「㊢」！

當你們克服了這樣的「正當性」時，想成為任何人都不是問題。無論是成功人士還是超級巨星，甚至是別人，甚至是未來的自己，甚至是另一個平行世界的人，唯有「什麼也不是的人」，才能夠成為任何人，因為他可以自由自在地觀賞無限的底片。

蜜郎　原來如此，原來自己才是最執著於扮演「㊙」的人，從沒想要看看不同的底片。

魔鬼　沒錯，**生來全身光溜溜的你們，為什麼那麼寶貝毛皮大衣**？

蜜郎　等等，那不是出自我書中的名言嗎！不要抄襲好嗎！

魔鬼　沒有什麼東西屬於你。**你在這個世界得到的東西，全都是幻覺**。你們出生時，沒有穿戴任何東西，何止如此，連自己是「小嬰兒」的念頭、「昨天」是誰的疑問、「明天」要更出色的野心都沒有，全然活在「現在」而已。

蜜郎　原來如此，小嬰兒根本不會去想自己昨天是誰，他們甚至不在意「現在」的自己是誰，而是以「㊙」的姿態專注地享受眼前的「世界」而已。

魔鬼　**「什麼也不是的人」，才是所有人類的起點**。即使失去任何在後來的人生中得到的東西，也絕對不會不幸。

以往的教誨

得到越多的人越幸福。

全部失去吧！所有東西都是一開始沒有的東西。

使用範例 2：為失戀而困擾的女子

你因為失戀而哭泣，但在交到男朋友之前，你還是一樣幸福。不妨一邊回憶過去，一邊與朋友在卡拉 OK 大喊：「造、造反啦！」順便唱幾首失戀的歌吧。

原本為了「守護」你而到來的「御守」，如果開始威脅主人：「失去我你就會陷入不幸喔。」那就是在造反，那種背叛者還是趕緊拋棄。
無論是「任何東西」、「任何地位」，甚至是「健康的身體」，

在得到之前，你什麼都沒有。

如此而已。

此外，你也該重新檢視自己是否為了追求幸福，而「勉強」投入或持續某些行動。
你是為了「幸福」才開始做那些事，如果因為持續而感到「痛苦」，那就本末倒置了。那也是一種「造反」。
就算失去，也只是回到開始之前的幸福狀態而已。

閣下的

立刻消除恐懼的方法

a way to blow away your anger

你們人類一定都有一些「只靠執著在堅持的東西」，以為「一定得堅持下去才行」、「一定得擁有才行」，明明是主人卻受到威脅。這個時候，不妨試著誦念以下咒語：

「造、造反啦！
御守就該守好『御守』的分際，
你這是在以下犯上喔！」

使用範例 1：健康法魔人

舉例而言，你原本是為了幸福才開始實行「○○健康法」，現在卻開始擔心，如果沒有做到早晚三次的「○○健康法」，「說不定會生病」。儘管你心想，早上和晚上明明只有兩次，但你卻因為對「失去」的執著而擔驚受怕，不敢放棄健康法。

這種時候，請好好思考一下。

在開始「○○健康法」之前，你並不曾實行過「○○健康法」，而且還是一樣健康。事情就是這麼簡單。

來吧，念完咒語就放手。

waiting…

第6章

宣示主權的蘋果

事實不等於真實

又一個不同的早晨開始。

「渾沌時間」總殘留著我還沒成為這個「㊚」時的記憶。

有時，在「渾沌時間」結束後，內心會湧起這樣的衝動：

現在就想去「某個」不是「這裡」的「地方」，

現在就想見「某個」不是「㊚」的「人」，

目的地盡可能越遠越好，對象盡可能越不同越好，想去見對方的衝動驅使著我。

那或許是想證明我直到剛才為止，都是更加無遠弗屆、無邊無際的完美存在。

從這一邊的「盡頭」，確認另一邊的「盡頭」。

確認我比現在更龐大，確認我比現在更完美……

但今天依然是渺小的「㊚」在眼前展開。

這個「㊚」被命名為卡德魯。

是誰命名的並不清楚，雖然媽媽說：「是奶奶取的喔。」

但我畢竟沒親眼見證這個「㊚」被命名的瞬間。

何止如此，我連「㊚」出生這件事都不記得了。

因為不曉得自己出生的事實，所以說不定「㊙」根本還沒出生。比起從別人口中得知的遙遠往事，最「可以確信」的「㊙」的開始，其實是早上。因為每天早上確實會有「㊙」開始。

順帶一提，根據我從媽媽那裡聽來的消息，這個「㊙」出生於一九八一年五月十二日。那是巴布．馬利去世的隔天。

或許因為這樣，我國中時真心相信，是去世的巴布．馬利跑進我的身體，然後這個「㊙」就開始了。

到昨天以前都是巴布．馬利，從今天早上開始變成這個「㊙」……

蜜郎　有完沒完！

卡德魯　嗯？

蜜郎　別一個人在那邊嘰嘰咕咕！你的聲音都跑到這個「世界」來了！你以為你是詩人啊？這裡除了「㊙」以外，還有我在，你放心！然後你絕對不是巴布．馬利投胎轉世。

卡德魯　喂，你最近為什麼都擅自跑進我房間？

蜜郎　第一個原因就是你跟你女朋友切啦。上個星期以前我都有好好按門鈴，可是有時候你女朋友只穿著內衣，還瞪我。然後第二個原因，就是你家大門不知道為什麼壞掉了。

卡德魯　還不是你們弄壞的！

蜜郎　啊你調查好了嗎？永田教授交代的東西。是你自己傳訊息說「明天早上叫我起床」。

卡德魯　喔喔，你是說「海爾·塞拉西一世！」和「錫安」。你想聽嗎？

蜜郎　不聽不行吧，這攸關我能不能畢業。畢業論文是三人共筆耶。

卡德魯　那另一位作家健二同學呢？

蜜郎　他為了找什麼「太一」的資料跑去圖書館，閒來沒事就去打小鋼珠了。

卡德魯　「閒來沒事」的用法很奇怪。

蜜郎　他說太哲學了，情況不妙。還說如果要他去讀那個，不如成為小鋼珠大師，就算不畢業也無所謂。他大四時不是延畢嗎？所以已經習慣了吧，那傢伙去年也沒能順利畢業。

卡德魯　是喔，原來健二同學比我大一歲？

蜜郎　本大爺也是。

卡德魯　拉斯塔法里運動的故事很長，沒關係嗎？

蜜郎　蛤——那還是算了。

卡德魯 首先，我在圖書館裡哭了。有篇採訪報導寫說，巴布．馬利被問及「為什麼開始唱歌？」他回答：**「嘆息」。巴布．馬利的歌從嘆息開始**。

蜜郎 我明明說「不想聽太長的故事」，結果你就自顧自地講了起來，我看我也可以嘆息了。

卡德魯 我們什麼都不知道，簡直無知得可以。近代人類的歷史幾乎都是**「黑」與「白」的戰爭史**。

你知道嗎？地球上人類的能量好像大部分都耗在「黑人與白人的戰爭」或「奴隸解放運動」上。

蜜郎 因為我是黃皮膚的日本人，所以才不知道。我不知道「黑」與「白」的戰爭幾乎構成了世界歷史。

卡德魯 那你知道馬或牛吧？白人過去真的把「黑人」當作家畜對待。然後都是因為奴隸販子哥倫布橫渡海洋，才會造成那場戰爭的能量加速。

蜜郎 哥倫布不是好人嗎？因為是出現在歷史上的名字，我還以為他是英雄。

卡德魯 **「善」或「惡」取決於從哪個角度看**。

若是白人來看，從港口風光出航的哥倫布確實宛如英雄。但是對黑人來說，遠渡重洋而來的人是百分之百的魔鬼。

白人在全世界建立殖民地，把原本住在當地的「原」住民當成奴隸。雷鬼的祖國牙買加也是其中之一。據說牙買加原住民變成奴隸後，遭到嚴重壓榨，不久後就滅亡了。

密郎 太過分了，**教科書上寫的全都是假的！**根本就是一群跨海而來的魔鬼。哥倫布的英文 Columbus 語尾發音跟日文的醜女一樣，所以我本來就很討厭這個叫什麼哥倫布的人。

卡德魯 由於白人「用完」當地原住民，才決定從歐洲運家畜過去，也就是「牛」、「馬」還有「黑人」。只是因為西班牙沒有「黑人」，所以白人就到非洲大陸去，把黑人像動物一樣「抓起來」，送到牙買加當奴隸。

蜜郎 那些人怎麼不去死一死算了。

卡德魯 放心，那些傢伙全都死了，因為這是五百年前的事。

蜜基百科

克里斯多福・哥倫布
地理大發現時代的代表性航海者之一，以新大陸發現者聞名於世。

蜜郎 好吧，反正怨恨現在活著的白人也沒有意義。

卡德魯 然後在一百年後，英軍擊潰了以牙買加為殖民地的西班牙。

蜜郎 幹得好！正義的英雄出現了！

卡德魯 我在圖書館也大叫：「幹得好！」結果全是一場誤會，**因為英國後來在牙買加一樣把黑人當成奴隸使喚**。只不過是主人（領主）改變而已。

蜜郎 這些白人真的是沒救了。

卡德魯 不過在西班牙被戰爭襲捲之際，有幾名黑人趁亂逃跑。如果有牛或馬逃離「飼主」時，你覺得牠們會去哪裡？

蜜郎 森林或山上嗎？

卡德魯 沒錯，那是一場賭命大逃亡，被抓到的人又被送回英國當奴隸。成功逃脫的黑人則躲進山區，建立了名為「馬龍」（Maroon）的組織。馬龍為了解放奴隸同胞，與英軍打了一場仗。完全就像電影《駭客任務》對吧？

蜜郎 就跟你說我沒看過了！

卡德魯 那部電影在講一個**解放尚未覺醒的奴隸同胞的故事**。同樣地，馬龍也為了讓牙買加的「黑人」同胞覺醒，持續挺身奮戰。黑人同胞還活在夢裡面，相信「黑人被當作

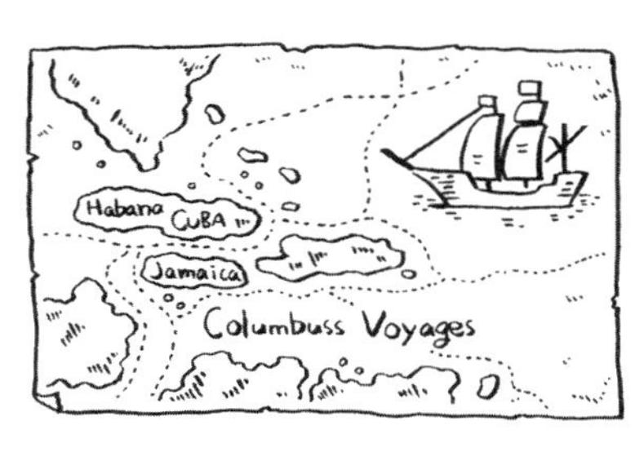

蜜郎 奴隸勞役是正當的」這種洗腦觀念。**必須讓所有的「㊇」都醒過來才行**。

卡德魯 畢竟在從夢中醒過來之前，都不會意識到自己「原來是在做夢」。經過一番持續反抗後，馬龍首領終於等到英軍提議：「要不要締結『條約』？」但那卻是個陷阱。他們說會以「人類」規格對待馬龍首領，但其餘部下必須回去他們那裡當「奴隸」。最後首領遭到殺害，戰事依舊沒有結束。大約在八十年後，才締結了第一個和平條約。

蜜郎 終於解放奴隸了？

卡德魯 不，那個和平條約對黑人來說反而更不利。他們竟然把當時已經逃到馬龍的奴隸視為「人類」，其餘奴隸則不予解放。更過分的是，他們還要求以後如果有那邊的「奴隸」逃跑，馬龍的人必須協助逮捕。**就是要黑人來當黑人獄卒**，而馬龍接受了條約。

蜜郎 所以有奴隸逃跑的話，他們就要抓回去給白人？他們自己原本也是奴隸耶？他們自己也是黑人耶？

卡德魯 **到頭來，人類就是只想保護「㊇」的生物**。換作是你被抓，我也不會去對抗邪惡的大魔頭。反正只要我能簽約自保就好了。

蜜郎 太過分了，你這傢伙！算了，反正我也一樣。

卡德魯 之後馬龍還上演了各種歷史，但總之在西班牙這個魔鬼來到牙買加的三百年後，奴隸制度才終於廢除。在那之前，從非洲送過去的奴隸累積多達一百萬人，原住民也滅亡了，而在牙買加獨立建國的一九六二年時，幾乎所有牙買加人都已經有了非洲人的DNA。

蜜郎 你說預言家，就表示他是看見「vision」的人吧。那他說了什麼？

卡德魯 **就在這時，預言家馬科斯．加維（Marcus Garvey）出現了。他說：「當非洲有黑人國王誕生時，他應該會拯救世界。」**當時非洲各國幾乎都是白人的殖民地，黑人並無法當上國王。然而，在他說出預言的三年後，世界上第一個「黑人國王」誕生了，他就是衣索比亞的國王，拉斯．塔法里（Ras Tafari），也是「拉斯塔法里思想」名稱的由來。在雷鬼世界裡，都稱呼他為「活著的神」或「黑神」。

蜜郎 黑神！聽起來好酷！

卡德爾 拉斯．塔法里即位為皇帝後，便改名為「海爾．塞拉西一世」。之前也說過，海爾是「權力」，塞拉西是「三位一體」，所以「黑神」就是三位一體的權力。

蜜郎 三位一體的權力，就是**三合一的力量**嗎？

卡德魯 除了日本，幾乎所有國家都是「一神教」。所謂的一神教，就是只承認唯一的神，而那唯一的神有各式各樣的發音，有人稱之為「雅威」，有人稱之為「耶和華」，也有人稱之為「阿多奈」。**因為原本在希伯來語中的四字發音，到了不同國家就變得不一樣**。

不同語言會有不同的「正確」發音，沒有哪一種是「正確的」。牙買加都把那念作「Jah」。

蜜郎　喔！那我們去年在校慶上表演的巴布・馬利〈Jah Live〉那首歌，就是「神活著！」的意思吧。

卡德魯　西洋人都說**「三者合一時，神就會誕生」**，所以好像說神本身就是「三位一體」。

蜜基百科

拉斯・塔法里
（海爾・塞拉西一世）
1930 年即位為衣索比亞的皇帝。以「被神選中的人」為人所知，統治 20 世紀的衣索比亞將近 40 年。

「黑神」海爾．塞拉西一世也被視為活著的神，受到人們崇拜。

蜜郎 所以結論就是，你喜歡的雷鬼是一種宗教吧？

卡德魯 拉斯塔法里思想沒有領袖，所以不是宗教。與其說沒有領袖，不如說**故意不設領袖或教宗，因為馬龍就有好幾次遭領袖背叛的歷史**。畢竟當權者會執著於權位，所以一旦設置領袖，領袖總有一天會背叛。如果我當上領袖，我也會這麼做，我可不會為了你流任何一滴血。

蜜郎 你真的很可惡！算了，反正我也不會為了你流血。

卡德魯 總之，由於「黑神」如預言所說出現在非洲，因此一下子炒熱了拉斯塔法里運動。**到最後，所謂的拉斯塔法里思想，就是呼籲大家「返回故鄉非洲」的回歸運動**。因為自己是被白人強制帶來牙買加，但身上的DNA根源還是在非洲，所以應該要回去非洲才對。

順便說一下，大麻也是從非洲經由印度來到牙買加的草。雖然這樣講有點玄，但感覺它是為了幫助人類才從非洲遠道而來。

蜜郎 草跟在後面一起來也蠻厲害的。生物老師說過，所有人類的祖先都來自非洲大陸對吧？

卡德魯 我不知道，不過可以確定的是，牙買加人的祖先從非洲來。他們把自己總有一天該回去的約定之地稱作「錫安」，把強制帶他們到牙買加的勢力或權力稱作「巴比倫」。**「將人們從巴比倫解放，讓他們返回聖地錫安。」**你看，這個部分也跟電影《駭客任務》一樣。

蜜郎 就跟你說我沒看過了，我真的什麼都不知道好嗎！煩不煩啊。然後哩？後續是？

卡德魯 嗯？後續？我已經講完了啊？我很認真吧。

蜜郎 蛤？你剛才說的那些資訊到底對畢業論文有什麼幫助啊！那不就只是近代世界史而已？你是笨蛋啊。

卡德魯 我不管了啦！永田只跟我說：「Yah man！聽著雷鬼跳舞到早上吧！Respect！」就這樣而已耶？我肯跑一趟圖書館，你就該感激涕零了。

「朋友調查的只不過是世界史而已。對此感到焦躁的蜜郎，二話不說就閃人回家。」

擁有的幻覺

蜜郎 那傢伙是笨蛋！我們都快沒時間，他還淨是調查一些跟畢業論文無關的東西。不過巴比倫那些傢伙，真叫人火大！好想幫他們搶回被西方文明奪走的土地。

魔鬼 放心，他們沒有被搶走任何東西，因為根本沒人能夠真正得到土地。

蜜郎 嗄？這幢公寓隔壁的老爺爺就是大地主。

魔鬼 說「人類」得到「土地」簡直太狂妄自大了。你閉上眼睛想像一下，有一片遼闊無邊的大地，想像那是非洲也好，總之就是一片大地。在那片大地上出現了一個人，我問你，**「人類」要怎麼做才能夠得到比「人類」還大的「土地」**？是「人類」站在那片土地上耶？**但你們卻說是「㊙」得到了「土地」**。莫名其妙嘛！連小學生都知道這邏輯不通。

蜜郎 我們有取得土地的所有權狀！

魔鬼 這更是幻覺了吧。**「土地」和一張「紙」有什麼關係**？難道把紙撿起來，大地就會跑到你手上？這儀式比黑魔法還詭異。

蜜郎 咦？這樣聽來，「得到」的概念還真的有點奇怪……

魔鬼 別人灌輸給你的「正當性」已經開始崩壞，再來點威力更強大的。卡德魯跟女朋友分手了吧？

蜜郎 對啊，好像在卡拉ＯＫ鬧得天翻地覆，我說我自己。

魔鬼 你們人類對戀人也有「占有欲」，**你們會說：「你是我的人。」**這又是哪門子道理？一個人可以擁有別人嗎？

蜜郎 你再閉上眼睛想像一下，有兩顆蘋果擺在桌上。

魔鬼 好，我想像好了。有兩顆蘋果擺在桌上。

蜜郎 在那個想像畫面中，你再仔細地思考，**右邊的蘋果可以「擁有」左邊的蘋果嗎**？

魔鬼 從上面來看，就只是「桌上擺著兩顆蘋果」。明明只是這樣的狀態，右邊的蘋果卻開始嚷嚷：「那顆蘋果是我的。」這時你會怎麼辦？

蜜郎 我會大叫：「哇！蘋果會說話！」

魔鬼 當心我把你變不見！別開玩笑了。

蜜郎 當然是覺得超級莫名！因為桌上只不過是擺著兩顆蘋果，就只是那樣而已，結果「左邊蘋果」竟然是「右邊蘋果」的財產？

?

不不不，那就只是桌上擺著兩顆蘋果而已！「右邊的蘋果」根本不可能擁有「左邊的蘋果」。

「戀人」的所屬關係也莫名其妙，「玲子」是「卡德魯」的人？

「他」是「我」的人？「我」失去了「他」？

太太，好好想想吧！

「他」（左邊的蘋果）與「我」（右邊的蘋果）是沒有關係的**獨立個體**！**一個個體根本不可能擁有另一個個體**！只不過是兩顆沒有關係的蘋果（物體）擺在桌上而已！

魔鬼

你們不僅在戀愛時如此，連做其他事情時也一樣。

蘋果說：「我擁有賓士。」

蘋果說：「我擁有名牌包。」

蘋果堅稱：「我得到土地。」

在我看來，你們人類每天都在做這些事。

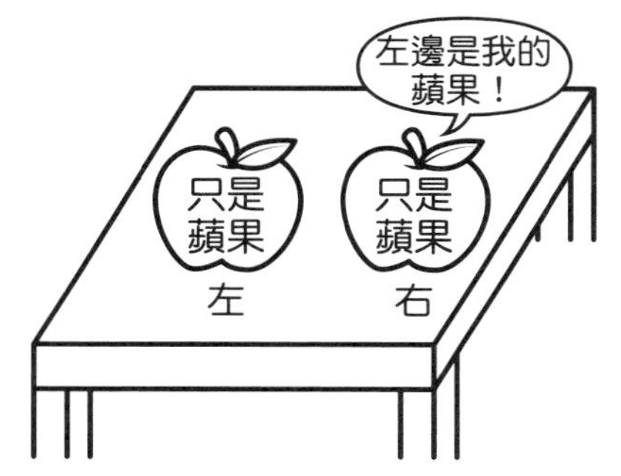

蜜郎　哇！不會吧，這下真的糟糕了！這、這、這，根本不可能！仔細想想……人、人、人偶一直在說話！

魔鬼　好吧，我真的要把你變不見囉。

蜜郎　我只是用剛才蘋果的梗開開玩笑，這種老梗新炒在大阪叫「天丼」（由於天婦羅丼飯有兩隻炸蝦，象徵重複同樣的梗）。

但我所謂

「擁有」的概念真的崩壞了。

謝囉，人偶先生。

魔鬼　還是把你變不見好了。

你剛才大叫：「我們都快沒時間了！」那就是在宣示**「擁有的剩餘時間很少」**。

沒錯，**你以為自己「擁有」時間**。究竟要怎麼做，「㊢」才可以擁有「時間」？

這不是比「物體」跟「物體」間的關係更弔詭嗎？「㊢」得到「時間」？

蜜郎　真的耶……**「蘋果」跟「時間」根本就是全世界最不相關的事物了！**

如果哪天蘋果突然說：「我已經沒有時間了！」那我一定會捧腹大笑。真的太搞笑！蘋果竟然會說話！

魔鬼　你再開玩笑就沒有第四次了，直接把你變不見。魔鬼可不知道比「三」更大的數字。

蜜郎　好唷，嚇死寶寶，不過這真是太厲害了。

對物質的擁有也是幻覺，
對人際關係的擁有也是幻覺，
對流動時間的擁有也是幻覺，
說來說去，感覺「我」在外界根本沒有半個可以擁有的東西。

魔鬼　豈止是外界而已，那「我」屬於誰的？

蜜郎　呃，好說歹說這個肉體也該算是我的吧？

魔鬼　**我可以擁有我**？這是什麼狀態？

「蘋果」並不是「蘋果」的東西，它只是蘋果，只不過是放在桌上的一顆蘋果而已，而那就是「我」的實相。

魔鬼　「我」只不過是放在大地上的蘋果，那樣的「我」要擁有外界的「什麼」？不可能。

「我」要擁有「我」？那也不可能。**因為「我」只不過是被放在那裡而已**。

不管是印地安人、先住民、土著或原住民，他們都明白這個道理，**本來原住民就沒有「擁有」的概念，連單字都沒有，**他們無法理解這種想法。他們完全無法理解「得到」是什麼意思。**屬於大自然一部分的這身肉體，如何能得到大自然？**

一部分如何能得到全部？

因此，印地安人到死都無法理解近代文明這種「擁有外界事物」的想法。

大自然的一部分
沒辦法宣示：
「我想要大自然！」
大自然

蜜郎　所以當遠渡重洋而來的歐洲人說：「這片土地從今天起屬於我們的！快交出來！」時，他們甚至連對方在說什麼都真心無法理解。

魔鬼　這樣聽起來，反而是宣示「美洲大陸」主權的巴比倫那群傢伙該覺得羞愧。

這可不是在說哪個當權者的事，這說的就是你。

Q1.　人為什麼害怕死亡？

因為你認為這個肉體屬於「我」。**覺得自己「擁有」，所以才害怕「失去」**。

不過你放心，那個肉體從一開始就不屬於任何人，只是大自然的「一部分」而已。

Q2.　再來，人為什麼要為了失戀哭泣？

因為你誤以為「我」擁有「戀人」，但**「戀人」與「我」之間，從一開始就不存在誰擁有誰的關係**，即使是與戀人以外的其他人，也不存在誰能擁有誰的關係。

Q3.　最後，人為什麼相爭？

那是因為不想失去。誤以為自己擁有什麼東西，才會相爭。

不僅是戰爭，對他人強勢、與他人的較量、頑固的態度、執著的心，**全都是「擁有」**

的幻覺所創造出來的。如何？費了這麼多唇舌，你還沒發現嗎？**事實上，支配者才是最痛苦的人。**

支配者持續宣示主權

蜜郎　蛤？騙人的吧。擁有越多的人越幸福吧？你看那些有錢人不都很幸福嗎？

魔鬼　距今十年以後，世界上會流行起「斷捨離」這個詞，崇尚物質主義的近代文明會開始反轉，「極簡主義者」的生活型態會受到支持，年輕人會盡可能生活在空無一物的房間裡，不再渴望擁有汽車，也不再渴望與「特定的戀人」擁有一段關係。

蜜郎　那樣的生活會快樂嗎？跟現在的年輕人完全相反！對我們來說，「擁有很多」的人才會受歡迎。不管是汽車、英勇事蹟或榮耀，都是擁有越多的人越帥！

魔鬼　**擁有就是「持續支配」的意思，**所以必須持續宣示：

「這是我的東西！」

「這是我的東西！」

「這是我的東西！」

一秒都不能休息。

為什麼？因為「蘋果」與「蘋果以外的個體」只不過是分別被放在那裡而已，又沒有繩子綁住它們綁，**沒有人能看到可以證明其所有權的明確證據，所以桌子上的蘋果只好持續宣示主權，**而且還必須時時刻刻把罩子放亮才行，否則哪天英軍可能就來搶奪了。說不定對手或其他人會開始聲稱：「這是我的東西。」於是支配者便「得到」了內心不得安寧的每一天。

咿——嘻嘻嘻，這可是最高段的諷刺法喔。**這個世界上可以得到的不是「物質」，而是「內心的不安」而已。**

咿——嘻嘻嘻，所謂的「支配」，只不過是本人擅自宣示自己「支配著」的笑話。**事實上，在一個人認為自己「支配著」的瞬間，就是他內心被世界支配的開始。**

蜜郎 糟了，我好像有點聽懂了。感覺什麼都沒有的印地安人，反而無事一身輕。

魔鬼 當然，**擁有的東西越多，越容易不安**。小嬰兒能夠無憂無慮地笑，就是因為他們什麼也沒有，正確來說，是**因為他們還沒有「擁有的幻覺」**。「擁有」本身就是一種幻覺，**所謂「擁有很多的人」，就是「擁有很多幻覺的人」**。幻覺的面積越大，越會遮蔽眼前的真實世界，使人看不清楚。那樣很快就會陷入惡夢當中。

蜜郎 深信自己「支配著」的當權者，會陷入惡夢當中嗎？

魔鬼 我已經說了好幾遍，這不是當權者的事，而是你的事。**從渴望「得到更多」的那一瞬間開始，人類就崩壞了**。因為那是在挑戰絕對不可能的事。
如果想要逃離這個虛幻的「擁有遊戲」，就必須放下「想要得到更多」、「想要支配」、「野心越來越大」等企圖控制外界的欲望。

放下控制欲

蜜郎　要怎樣做才能放下「控制欲」？

魔鬼　你這個問題本身就錯了。你剛才問說：「要怎樣做？」」代表你還是認為「有什麼方法」可以控制外界，以為可以擁有「控制的方法」，那就等於再次開始挑戰從外界得到某些東西。恭喜你了！

蜜郎　不，這沒什麼好恭喜的，我是要祢教我做法！氣死人了！

魔鬼　就跟你說「做法」等於操縱方法，都到了這個節骨眼，你還想要得到控制的方法？

蜜郎　啊！真是的，那到底該怎麼辦才好！

魔鬼　放下控制欲。那不是「得到」什麼新東西，也不是「取得」什麼，只要「察覺」就好。**察覺「㊙我」不僅無法控制外界事物，甚至連「㊙我」都無法控制「㊙我」**。唯一需要的，就是「察覺」這個宇宙的運作機制。

蜜郎　蛤？「察覺」？

魔鬼　對於不刻意去取得卻已經存在的事物所採取的態度，就是「察覺」。**因為覺得「沒有」，才會「試圖去得到」**。

察覺自己「有」的人，並不會「試圖去得到」。我在這個宇宙中沒有任何「想要得到」的東西，全宇宙都已經在我的掌握之中。國王會試著去得到自己王國的市場裡，某家攤販上擺的蘋果嗎？

蜜郎　的確不會，**王國裡的東西全都是國王的**。

魔鬼　沒錯，「試圖得到」的人，就是「沒有得到」的人。「試圖得到」的行為本身，反映的是自身的渺小。

越是「試圖得到幸福」的人，不就代表他越不幸福嗎？**越是「試圖表現優異」的人，不就代表他不夠優異嗎**？既然幸福的話，用態度表現出來就可以了。來，大家一起來，如果你很高興你就拍拍手。

蜜郎　啪、啪♪，喂。但看「態度」或許就知道了，因為「試圖控制」是「無法控制的人」的態度……那只要不去「控制」就行……原來如此！所以是**察覺「已經得到控制」的態度，不試圖去得到，而是察覺「已經充分得到」的態度**！

魔鬼　沒錯，虧你察覺到了。**所謂的從巴比倫解放，就是從自己心中「想得到更多」的支配欲中解放**。

蜜郎　我還以為巴比倫是指警察或國家權力，原來不是這樣。其實是**自己心中那套「野心**

勃勃」的系統。所以巴布・馬利才會以「擁有者」來表示巴比倫，然後把他們自己唱成「匱乏者」。他想說的並不是自己「沒有」所以嫉妒，而是想說「擁有者」才是該感到羞愧的人，因為越是富有的「擁有者」，就越是善於自吹自擂。**支配者就是愛講話的蘋果**。

魔鬼　然後魔法就從這裡開始。

只要不去「試圖得到」，反而會「得到」更多。

你會開始「察覺」到自己已經擁有很多。

越是不「試圖去控制」的人，越能夠展開受控的人生。因為他們會察覺到宇宙的流動早已完美調和。等你們提出論文時，應該會以更明確的系統去理解這套機制。

蜜郎　糟糕，我想起來了，畢業論文！不趕快寫不行。

魔鬼　不要那樣試圖去控制時間，只要相信時間已經獲得控制就好，**那才是讓「時間」流動最快的方法**。

蜜郎 好險，不然蘋果差一點又要出手干預時間。不過我說，這樣仔細一想，真的很不可思議。出生時孑然一身的我們，明明就是個「什麼也不是」的「匱乏者」，但直到今日，大家還是「為了得到某些東西」，在街頭巷尾爭得你死我活，就像從樹上咚的一聲掉到世界上的蘋果，拚死拚活地想要擁有世界。人類還真可悲！**明明生不帶來任何東西，死了當然也帶不走任何「東西」**。

魔鬼 不，還是有的，**就是「經驗」**。

以往的教誨

得到許多財產就是幸福的人。

一顆蘋果，無法擁有任何東西。

閣下的

有效克服匱乏感的祕訣

a way to blow away your anger

「想要更多」的心態就是最標準的巴比倫。

一旦試圖擁有世界，心就會在那一瞬間成為世界的俘虜。

因此，在內心湧現過度欲望時，只要想像著下圖誦念：

「哇～蘋果竟然開始宣示主權了耶～」

一顆蘋果，無法擁有任何東西。

第7章

好時光狂熱分子

人生是在極端之間擺盪的遊戲

日文的「瞬間回到我」是「猛然回神」之意，也就是說，在回到我之前，我都不是我，所以才說「回到我」。

那麼你在回到「㊙」之前，又是什麼人？

「㊙」的開始，不見得一定是早上，因為意識突然回到這個人類套裝的瞬間所在多有。

小砂糖 把拔、把拔！喂，把拔！快看我，把拔！快看我嘛！

蜜郎 嗯？咦，這裡是哪裡？啊，是從幼稚園回家路上經過的公園。

小砂糖 快呀，快看我！人家很厲害。不要再發呆了，看我嘛！你看，我盪鞦韆盪得這麼好！

蜜郎 真的耶！好厲害！根本就要飛到天邊去了。

魔鬼 你現在坐在一個非常好的位置。

蜜郎 什麼位置？祢是說我建立的地位嗎？

魔鬼 不，我是說你現在實際坐的地方。**你正從側面看著鞦韆**。

蜜郎 那當然，因為鞦韆的前後都很危險，所以大部分父母都會坐在鞦韆旁的欄杆上，看著自己的孩子。

魔鬼 **這個世界就是鞦韆**。只要坐在可以看見「整座鞦韆」的位置，就能了解很多坐在鞦韆上的人沒注意到的事。

你看看你女兒，她一下盪到右邊，一下又盪回左邊，然後又盪到右邊，接著盪回左邊，**你們人類只是像這樣在兩個極端之間來來回回而已**。

不管任何「物質」、任何「概念」、任何「關係」，或任何「能量」都是，「世界」上所有東西都包含「二極」。

蜜郎 比較有名的譬喻就是硬幣吧？硬幣有「反面」與「正面」，即使把十公釐的硬幣切成五公釐，還是一樣有「反面」與「正面」。切成三公釐也是，切成〇・〇一公釐也是。不管切得再薄，始終都有「反面」與「正面」。切到最後**如果消失的話，「反面」與「正面」也會同時消失**。也就是說，**只要在眼睛還看得見的範圍內，就絕對有「反面」與「正面」**。

魔鬼 沒錯，任何事情都是這樣，**不可能只存在著「單面」**，絕對是一體兩面。

你們人類常說：「想要讓邪惡從世界上消失。」其實那很簡單就能實現，只要殺了神

正面
反面
切
正面
反面
切
正面
反面
切
正面
反面

就可以了。在神消失的瞬間，邪惡也會消失。**反過來說，如果「邪惡」從世界上消失，神也會消失不見**。

蜜郎　原來如此，世界也需要「邪惡」。如果沒有「壞蛋」，正義的英雄也只是個頭腦簡單、四肢發達的笨蛋吧？

因為打倒了「邪惡」，所以才會被認定為英雄，是「邪惡」讓肌肉猛男變成「英雄」。

魔鬼　沒錯，**是「壞事」造就「好事」**。悲傷造就喜悅，痛苦造就解脫，焦急造就冷靜，負面造就正面，「後退」造就「前進」。

看你女兒盪鞦韆就知道了。

不可能有一直在前進的鞦韆，

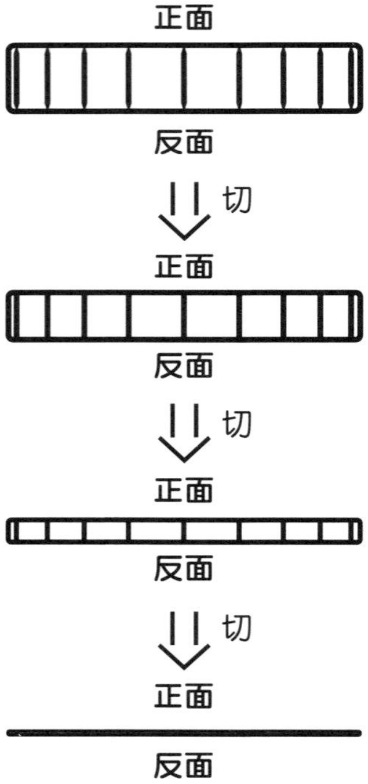

蜜郎　**就是因為「退回後面」，才能夠「往前進」。除了不幸，任何事情都不曾讓你「幸福」。**

有一次我在神社向神明許願：「我想跳得很高。」結果有人告訴我：「那你得先蹲低。」想要跳得高，就得先蹲低才行。

大概只有中國雜技團能不彎膝蓋就跳吧。

魔鬼　中國雜技團也做不到，因為這是系統性問題。宇宙的系統之一就是「相對性系統」。

「相對性」就是「兩個」的意思，

反之，「絕對性」就是「唯一一個」的意思。

如果全宇宙只有一根棍子，那麼誰也不知道那根棍子究竟是「粗的」？「長的」？「重的」？還是「硬的」？

要掌握這些特點需要什麼？

蜜郎　**需要比較的「對象」**，對吧？

魔鬼　沒錯，因為有相對的「對象」，**才能夠針對事物本身進行討論**，這就是「相對性原理」。

各種事物均有一體兩面

極端	⇔	極端
魔鬼	⇔	天神
壞事	⇔	好事
悲傷	⇔	喜悅
痛苦	⇔	解脫
焦急	⇔	冷靜
後面	⇔	前面
不幸	⇔	幸福
短	⇔	長

因為有「短的棍子」存在，才能說那是「長的棍子」。
因為有「輕的棍子」存在，我才能知道那是「重的棍子」。
因為有「細的棍子」存在，才知道自己的有多「粗」。
所以「不幸」是為了你們人類才發生。
你們人類祈求「幸福」，為了實現那個願望，才會按照原理發生「不幸」的必要。

蜜郎　原來如此，我的詩集裡也有寫到：
「假如每天都幸福的話，還會每天都幸福嗎？
在這個相對性的世界，假如每天都幸福，
還能將幸福體認為『幸福』嗎？
如果身邊只圍繞著幸福，還會認為那是幸福嗎？
因為有不幸的事情拿來比較，
才能鎖定幸福的位置不是嗎？」

魔鬼　如果寫成像「因為有悲傷的日子，才有歡笑的一天」等詩句，確實會對現在正在悲傷的人有幫助，但是「放手」才是更徹底的解決之道。

蜜郎　怎麼說？

魔鬼　就是「盪鞦韆法則」啊。渴望「幸福」的人，在原理上才需要「不幸」。**因此，只要先放棄「幸福」就可以了**。

盪鞦韆法則

蜜郎　放棄幸福？

魔鬼　先從盪鞦韆的原理開始說明。看你的女兒就知道了，她很努力想把鞦韆盪得更高，那你覺得她要怎麼做才能盪到最高？

蜜郎　盡量盪得越「後面」越好吧。

魔鬼　沒錯，鞦韆是**以「距離現在位置最遠處」為目標的槓桿裝置**，而唯一的行動目標就是盡量遠離「此處」的「別的地方」。這可不是鞦韆的宿命，而是你們人類的宿命。

蜜郎　嗯，是這樣沒錯。吃拉麵時，就會想說早知道吃漢堡，吃漢堡時，又會想說早知道吃拉麵，單身時就想要有女朋友，有女朋友時又想自己一個人。**反正人類總是身在「這裡」，心卻想著「別的地方」**。

魔鬼　這是人類的宿命，誰也無法改變。

鞦韆今天依然不停擺盪，一下右邊一下左邊，一下右邊一下左邊，然後有一天，人類會一邊盪鞦韆一邊欣喜若狂地說：「喔耶！我現在盪得這麼前面了！」

然而，只要從鞦韆外側看，就會發現意想不到的事實：

雖然看起來前進很多，實際上卻只是在蓄積退回後面的「作用力」而已，因為自己「往前進」的動作，是在儲存往後退的「作用力」。

擁有很多的人，正在蓄積失去很多的能量；

成功順遂的人，得到的是許多失望的機會；

面對越是深愛的對象，一旦遭到背叛，憎恨的程度越強烈。

不管是「前面」還是「後面」，從現在的位置盪回更遠處的能量都儲存在整座鞦韆上，這就是鞦韆的原理。

蜜郎　原來如此，鞦韆上儲存著「回到另一邊的能量」，只是本人沒有注意到而已。

魔鬼　因為能量也是有「正」與「負」兩面，

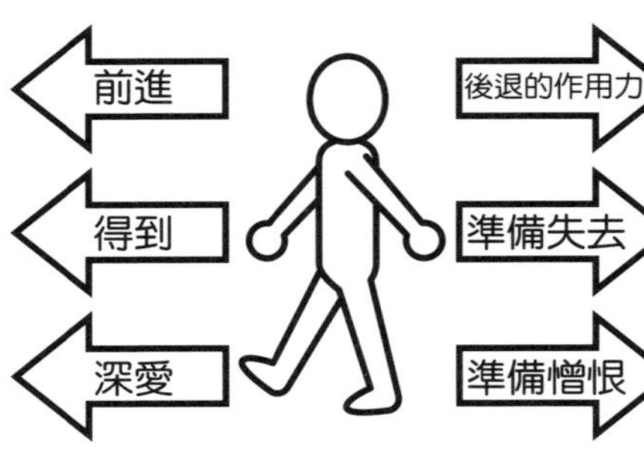

絕對不可能只儲存「正」能量而已。

一旦往前進，內部就會累積等量的反向能量。

做越多「善行」的人，內心想越多壞事，他們會儲存著很多「做壞事的作用力」。節食得越徹底的人，心裡越常想著食物，內心充滿「想要再吃的作用力」。

蜜郎　喔喔，我常常節食，確實是這樣沒錯。每次節食後，反而會大吃一頓。我老婆都說：「你這樣有意義嗎？」雖然自己覺得「在節食」，但其實只是在蓄積「卯起來吃的作用力」而已。真像個笨蛋。

魔鬼　那是因為你們眼裡只看見一邊的能量。看清楚吧！這世上一切都含有「正」與「負」兩端！

「得到」的東西，絕對會有「失去」的一天。

無論是什麼「東西」都不例外，「地位」也好，「關係」也罷，

「得到」汽車，總有一天會「失去」，

「得到」土地，也會在死掉的那一刻「失去」，

「得到」生命，一樣會在哪一天「失去」，

只要「得到」什麼，就會面臨「失去」的命運，毫無例外。

如果是看得見整座鞦韆的人就會說：

不是得到，而是開始失去；

不是出生，而是開始死亡；

不是開始交往，而是開始分離。

蜜郎

不愧是魔鬼，講得出這麼沒有夢想的話，但還真有道理。

看起來是哇哇大哭地出生了，但那也可以說是「死亡的開始」，看起來是得到了，但那也可以說是「失去的開始」，

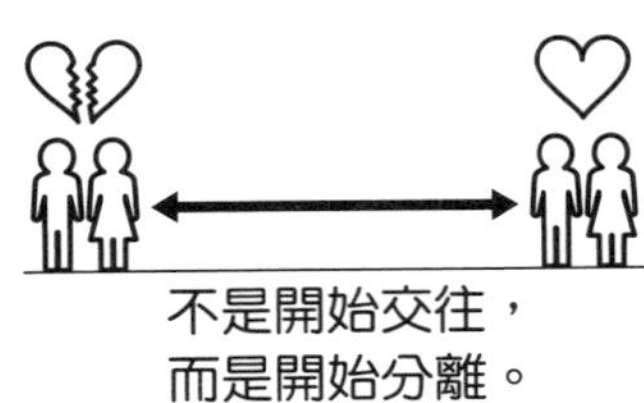

情侶開始交往，就是「別離的開始」，不管再怎麼甜蜜的情侶，總有一天會分開，就算一直交往到變成了老公公、老婆婆，還是會在其中一方去世時分開，所以那**不是開始，而是開始邁向結束**。

魔鬼

這就是盪鞦韆的人的宿命。進入這個世界就代表「坐上鞦韆」，誰也無法擺脫這個「盪鞦韆法則」，因為我們沒辦法從鞦韆上下來。

不過雖然是坐在鞦韆上，盪鞦韆的人卻可以改變態度，**享受盪鞦韆本身的樂趣，**

也就是享受這個世界本身的樂趣。

看見整座鞦韆的人不會痛苦

蜜郎　什麼意思？我們很享受盪自己的人生鞦韆啊？

魔鬼　不，你們不懂得如何享受盪鞦韆的樂趣，所以才會許願：「希望每件事情都稱心如意！」或是不痛不癢地說：「多想一點正面的事吧。」最近不就有很多這種不可能也不可解的言論嗎？不管是「只會吸引好事發生的實現未來筆記本」，還是「不再招來壞事的神奇魔法」，從這個世界的系統上來說都是不可能的，不是嗎？

蜜郎　原來如此，**就是說只期望單一面向的態度是錯的吧**。

魔鬼　是的，因為那是不可能的事，不可能會有只往前進的鞦韆，**不可能只從硬幣上切下「正面」而已，為了讓「幸福」成立，絕對必須有「不幸」的存在**。這才是真正的盪鞦韆高手應該有的態度。

蜜郎　噗（笑）！等一下。「真正的盪鞦韆高手」這說法太搞笑了！又不是馬戲團，害我聯想到每天晚上出沒在全國各地公園的怪人，嚷嚷著：「各位久等了，我就是真正的盪鍬钁高手。小鬼頭閃一邊去！」

你們這些不懂怎麼遢鍬钁就跑到這個世界來的人，才是真正的怪人。

你們根本就是小丑。一邊遢鍬钁一邊許願：「一直往前進吧！」遢回後面時才會失望，想說：「不應該是這樣！」

「不管到哪裡都應該一直往前進才對呀！」

「那本書明明寫說只會發生好事。」

因為遢鍬钁的人態度不對，所以才會感到痛苦。

不要只期待「特定的方向」！

從側面來看，鍬钁只是在左右搖擺。

沒有說「右邊」就比較好，

也不可能「左邊」一定比較好，

「右」與「左」的價值根本沒有差異。

蜜郎 可是不知道為什麼，邋鞦韆的人總是幻想著「前面＝好」，「後面＝壞」。

真的耶，因為只期待單一的方向，盪到後面才會失落。**明明鞦韆的「右」與「左」並沒有好壞之分，真像個笨蛋。**

魔鬼 那我就來幫助你想起自己是笨蛋界的日本代表這件事。

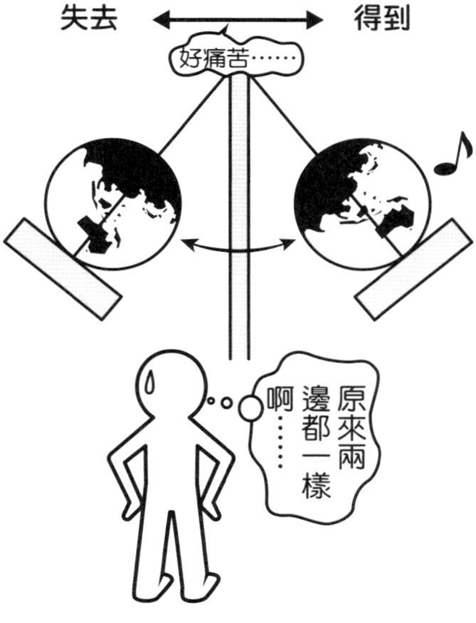

蜜郎　我問你：「富有」與「貧窮」哪個比較好？

魔鬼　當然是富有啊！

蜜郎　看吧，你又回到盪鞦韆的視角了。嘴巴上說「右」與「左」毫無分別，但只要把問題改成「富有」與「貧窮」，你就**只支持特定的一邊**，希望只朝特定方向前進，一旦盪回來就會失落。

魔鬼　真的耶，可惡。我上當了。

蜜郎　只要你還坐在鞦韆上，無論如何都會支持「其中一方」。這時，不妨每天晚上去公園一趟，**從側面看一看**鞦韆。雖然可能會有人把你當成可疑分子，報警來抓你。咿——嘻嘻嘻。

蜜郎　如果警察來問我：「你在這裡幹麼？」就跟他講「我正在確認『右』與『左』是不是真的沒有價值上的差異！」嗯，這樣肯定會被抓起來……

「這時，小砂糖從鞦韆上摔了下來，開始嚎啕大哭。」

蜜郎　哎呀，小砂糖妳沒事吧？呼，好險好險。皮膚也沒有擦傷，沒事。

小砂糖　嗚嗚嗚。

蜜郎　看起來沒有什麼會讓妳痛到哭的傷口，妳為什麼還在哭呢？

小砂糖　我不是痛到哭，是不甘心，因為大家都能很厲害地從鞦韆上跳下來，我卻失敗了。

蜜郎　**那不叫做失敗，而是成功的開始喔。**

小砂糖　蛤？什麼意思？

蜜郎　聽好了，假如現在有一個人叫右右，他是「往**右**前進」的狂熱分子，然後另一個人叫左左，他是「往**左**前進」的狂熱分子。

小砂糖　好奇怪的狂熱分子。

蜜郎　右右只要「往右前進一格」就會非常高興。

→**1**

因為他得到了一個令他感到光榮的「右」，如果哪天這傢伙「再往右前進三格」，他恐怕會欣喜若狂。

→**1**→**2**→**3**→**4**

因為這樣他就得到了四格「右」。

可是看在左左眼裡，

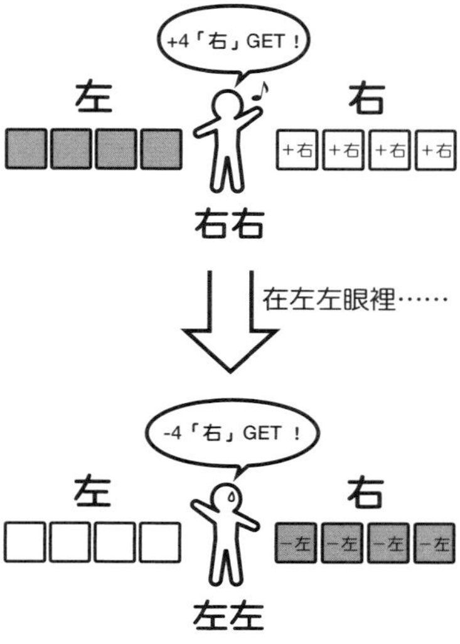

與其說他是往右（→）前進四格，
不如說他是失去了四格重要的左（←）。
世界就是這樣構成的喔。
右右說：「我得到了四格右！」
左左說：「那傢伙失去了四格左！」

一日後回想全是好時光

小砂糖　意思是說沒有哪一邊比較重要？
蜜郎　沒錯，世界上到處都是狂熱分子。
對於讀書狂熱分子來說，「讀了十個小時的書！」＝得到十面「讀書」金牌！
可是看在玩樂狂熱分子眼裡，就是「浪費了十個小時玩樂的時間」＝失去了十面「玩樂」金牌。
看起來好像得到什麼，卻是持續在放棄另一邊的什麼。
最後加總起來，其實什麼也沒變。
看起來好像往一個方向前進了「三」，但從反方向看來，其實只是失去了「三」。

看起來好像有「三件好事」，其實是逃過「三件壞事」。看起來好像有「快樂的三天」，其實是失去了「無聊的三天」。那我問妳，如果有人手舞足蹈地說：**「連續十天都是快樂日子！太幸運了！」**他是怎樣的狂熱分子？

小砂糖 快樂日子的狂熱分子嗎？

蜜郎 沒錯，那如果無聊日子的狂熱分子看到他會說什麼？

小砂糖 **他失去了十天「無聊的日子」**！

蜜郎 賓果，那再問下一題。如果有人說：「我非常了不起喔嘿嘿！我有十個很了不起的證據！」請問他是怎樣的狂熱分子？

小砂糖 了不起的狂熱分子！

蜜郎 對的，了不起先生得到了十個「了不起」。他得到獎狀、得到老師的誇獎，還考到了證照。不過如果有個沒屁用的狂熱分子看到他呢？

小砂糖 可是把拔，真的有人會喜歡沒屁用的事情嗎？

蜜郎 有啊，我不是說我有一個警察朋友，只要丟大便就會笑嗎？那傢伙就是碰到**越沒屁用的事情越開心啊**！換句話說，他就是沒屁用的狂熱分子，只是他自己沒發現，所以才開始蒐集「了不起」。

小砂糖　是喔，那沒屁用的狂熱分子看到，就不會覺得他得到了「十面了不起金牌」，而是失去了「十面沒屁用金牌」！

蜜郎　賓果！再來問最後一題。請問是誰想讓把拔最重要的小砂糖變成「成功狂熱分子」？那種不懷好意的傢伙，讓把拔來去揍他一頓。

小砂糖　我懂了，意思是我不需要一直得到「成功」對吧？

蜜郎　沒錯，**看起來好像得到「十次成功」，實際上卻是失去了「十次失敗機會」**，那樣的人絕對無法成為愛迪生。

小砂糖　愛迪生？他是誰啊？

蜜郎　妳都已經上幼稚園，還不知道愛迪生是誰？**他可是世界上第一名的「失敗狂熱分子」**，聽說他實在太喜歡失敗，所以偶爾成功還會大發雷霆，氣著說：「現在可不是成功的時候！」不過比起他蒐集到「九十九次」重要的「失敗」，世人更加讚賞他「唯一一次的成功」。這就證明了世界上有多少的成功狂熱分子！**明明「失敗」也是很重要的金牌**。

小砂糖　那位愛迪生先生好可憐。

蜜郎　別擔心，因為他一點也不在意世俗眼光。聽好了，小砂糖，把拔吃過的鹽比妳吃過的飯還多，把拔活到今天應該已經有一萬個

小砂糖 日子了，但回想起來，我以前每天早上都會想：「希望今天會是快樂的一天！」你是快樂日子的狂熱分子！

蜜郎 是啊，可是有很多時候並不是只有快樂日子，也有悲傷日子、後悔日子、空虛日子、痛苦日子，把拔有過各種不同的日子。

那妳覺得把拔身為一個快樂日子的狂熱分子，每天都是什麼樣的心情？

小砂糖 應該很無聊吧，因為你想要蒐集「快樂日子」。

蜜郎 是啊，除了「快樂日子」以外，其他日子都很無聊。

可是我現在回首過去的一萬個日子，**不知為何，全部都是快樂日子！**

悲傷那天，也是快樂的回憶；後悔那天，想起來也莫名好笑；痛苦那天，也是非常重要的回憶。

總之，我認為神一定是個「快樂日子的狂熱分子」，又因為那傢伙是全宇宙最強的，所以祂能推翻過去所有的狂熱分子，**把所有日子都變成「快樂回憶的日子」。所以小砂糖變成什麼狂熱分子都沒關係。**

就算妳聽了父母或老師的話，變成「快樂日子的狂熱分子」也沒關係，快樂日子狂熱分子身邊，除了快樂日子以外，還會有很多其他日子找上門，因為鍬鑸一定會再盪回來。

雖然在那樣的日子裡，一定也會有想要逃離的時候，**但是等妳日後回想起來，所有日子絕對絕對都會變成「好日子」，因為宇宙最強的狂熱分子可是站在我們這一邊**。

小砂糖　不管妳變成什麼狂熱分子，把拔都很放心。

蜜郎　那我想變成沒屁用的狂熱分子，因為我覺得沒屁用的人笑得最開心。

小砂糖　哇，真是個好主意！反正世界上沒有比大便更重要的東西！我們盡量來蒐集沒屁用的日子吧！

蜜郎　那到目前為止，哪一天是把拔人生中最沒屁用的日子？

小砂糖　真要認真回答，恐怕得說上個四年耶？因為世界上沒有比把拔更沒屁用的人啦。把拔是沒屁用人類之王，簡稱「什麼也不是的人」，哇哈哈！

小砂糖　這哪裡算簡稱啊？

「聽烏鴉啼叫，回家時間到。滿天晚霞，夕陽西下。
聽烏鴉啼叫，回家時間到。
父女倆一邊走一邊聊著沒屁用日子的話題，烏鴉的叫聲完全傳不進他們耳裡。」

「兩人並肩嬉笑，直到奮力開拓人生的小小勇士率先向前邁開步伐，把爸爸拋在腦後，「我跑得比你快喔！」
兩人的距離越來越遠，眼看爸爸就快搆不著女兒在夕陽下的長影，這時魔鬼低聲開口了……」

魔鬼

不愧是有在演講的人，你的口才可真好。

人類雖然有各式各樣的日子，但勉強去「享受」痛苦的人，恐怕搞錯了。

痛苦的正確「享受方法」，就是痛苦；

悲傷的正確「享受方法」，就是悲傷。

總而言之，你們人類全都處在完美的狀態，每一天、每一刻都是。

所有人都一味追求「快樂」，而對於邊回後面感到痛苦。

一味追求「正面」的結果，就是一遇到「負面」的日子就哭哭啼啼。

其實不必刻意追求什麼，每一個人都已經很好了。

只要維持原本的態度，你們所有人都是「真正的邋鞦韆高手」。

蜜郎　所以放心，未來的日子也只要一直邋下去就可以。

「悲傷地感受悲傷，
痛苦地感受痛苦，
氣憤地感受氣憤，
如此才能快樂地感受快樂。」

喂，祢又抄襲我的詩集了吧？語尾助詞講得怪腔怪調的魔鬼先生，這可不是一個好習慣！

魔鬼　把你變不見喔。

蜜郎　祢才沒那個能耐吧？把這麼好的日子變不見？就憑祢？

以往的教誨

真希望每天都是「好日子」。

那樣就好（你可以聆聽善的教誨就好）。
一味追求好日子，才會有「悲傷的日子」或「痛苦的日子」。

但是到頭來，
那些都會變成「好日子」。
咿——嘻嘻嘻。

閣下的

有助於走出低潮的網路圖片

a way to blow away your anger

這世界上所有的事物都存在著兩極，可是不知道為什麼，你們人類總是期望著特定的「一極」。

「正面」、「好的」、「高的」、「快樂的」、「成功」。

那種只支持其中一邊的態度，會使你們在盪回「另一邊」時感到失望。

如果是看得見整座鞦韆的人就知道，雖然那樣看起來好像得到了「一邊」，但其實只是失去了「另一邊」而已。

看起來好像「失敗」了，其實是「成功」的開始，

看起來好像「正在失去」，其實正要「開始得到」。

因此，為了從「一極狂熱分子」變成「兩極狂熱分子」，趕緊上網搜尋愛迪生的圖片，將它記在腦子裡，並三不五時就想像一下愛迪生的臉大吼：

「可惡！竟然又成功了！

現在可不是成功的時候啊！」

如此一來，一味支持特定「好」方向的態度，就會慢慢瓦解。

waiting…

第8章 宇宙系統的誕生

※相信「人類套裝」理論的人，請跳過這一章，直接閱讀第九章。

世界存在腦中

當「我」開始時，

無論是早上，還是從思緒之旅歸來的任何時候，

當「我」開始時，「世界」總是會同時展開。

「世界」總是與「我」的開始同步在眼前啟動。究竟這個「世界」，在「我」開始之前真的存在嗎？

在出生之前呢？在睡覺時呢？在意識尚未聚焦的期間呢？

如果問別人的話，他們一定會說「有」，「世界」確實存在過。

但那個人說的話，也是「我」現在正在聆聽。

我真正想問的是，當「我」並未發生時，「世界」真實存在嗎？

答案顯然是不可能。

沒有「我」的話，根本沒有辦法可以確認「世界」——

在確認「世界」時，一定會有「我」的存在。

在早晨的渾沌時間中，我感覺自己好像可以理解教授說的「世界與我同年」的意思了。

卡德魯　你有在聽嗎？蜜郎！

蜜郎　啊，抱歉，我剛才分心了一下。話說回來，你有必要花一整晚的時間跟我講電影《駭客任務》的內容嗎？外面天都快亮了！拜託讓我睡覺。

卡德魯　不行。總之，電影《駭客任務》就是在講，**這個「世界」只不過是虛構的現實，全部都是假的**。

蜜郎　世界是假的？哪有，世界不就好好地在這裡嗎？卡德魯，你啊，電影看太多了。

卡德魯　才不是，這可不是電影情節而已。**事實上，美國的大學已經成功將人類的大腦接上電極，創造出「虛擬實境」**。

蜜郎　什麼？你說噓你什麼？

卡德魯　「虛構[虛擬]（假）的現實[世界]」啦。不然你覺得「世界」是什麼？

蜜郎　哎唷，不就是這個嗎？世界就是這個。

卡德魯　哪個啦？

蜜郎　吼唷，就是這個房間、床、房間外面的雪、星空。你看，現在外面還有一台鏟雪車開過去。這些全都是「世界」不是嗎？

卡德魯　是啊，「世界」就是指**可以認知到的東西**，對吧？

蜜郎　可以認知到的東西？什麼意思？

卡德魯　簡單來說，就是**可以確認其存在的東西**。

蜜郎　只要用眼睛看床，就可以確認它「在」那裡。

卡德魯　只要用手觸摸雪，就可以確認它「在」那裡。

蜜郎　像這樣**可以確認其「存在」的東西的集合體，我們稱之為「世界」對吧**？

卡德魯　那是當然的，如果是眼睛看「不」見的東西，當然就不存在在世界上。

蜜郎　那你明明沒看見外面的鏟雪車，為什麼能夠確認它「存在」？你剛才不也確認說窗戶外面有世界？

卡德魯　因為我有聽到鏟雪車的聲音啊。

蜜郎　是啊，你是用耳朵確認它「存在」吧？那如果你摀住耳朵、戴上眼罩，就無法確認世界了嗎？

卡德魯　就算我閉上眼睛、摀住耳朵，還是可以用手觸摸，確認「有雪」。世界上有雪的存在。

蜜郎　那如果我綁住你的手？

卡德魯　就算看不見、摸不著，還是可以聞味道，確認「世界上有卡德魯」吧？

蜜郎　那如果把你的鼻子塞起來？

卡德魯　我現在到底是什麼狀態啊！不但被蓋住眼睛、塞上耳塞、綁住手，連鼻子都被塞進衛生紙！這是霸凌吧！

卡德魯 我們昨天一起看的綜藝節目《藝人等級鑑定》，那些藝人不就是那樣的狀態，再讓他們猜「是不是高級食材」。

蜜郎 喔喔，我知道了，是舌頭！就算看不見、聽不到、聞不到，只要有味道，還是可以確認有東西「存在」！因為可以確認東西的「存在」，所以那就是世界。

卡德魯 沒錯，**這五種感官就是所謂的「五感」，是「我」用來確認「世界」的裝置**。

那我順便問你，如果在剛才的狀態下被綁著，也嘗不到味道，是不是就沒有世界了？

你根本無法確認任何東西喔？

蜜郎 不，就算我被綁著，什麼也看不見，什麼也聽不到，甚至也嘗不出味道，世界還是存在吧。

卡德魯 你為什麼能夠如此確信？證據在哪？你有世界「存在」的證據嗎？

蜜郎 **我可以想像**。就算一片漆黑、寂靜無聲，還是可以預測世界肯定就在那裡吧？可以想像眼罩的外面肯定有別人存在。

卡德魯 是啊，那就是第六感。因為「想像」也是「我」用來確認事物的方法。

好，既然主角都到齊了，我們就回到美國的實驗室吧。

首先，以感知方式確認外界「世界」的器官有五個，我們稱之為「五感」。

但思考屬於內在的，所以不算在內，**而人類一般就是靠五感來確認外面的「世**

界」。

因為看得見床，所以主張外面有「世界」，因為聽得見車聲，所以堅稱外面有「世界」。**因為肉體的五種感官有反應，所以我們主張在「我」的外側確實存在著「世界」**。

蜜郎 那麼確認外界的各個感知器官又在哪裡？

卡德魯 眼睛在這裡，耳朵在這裡。因為大家都是人類，確認外界的感知器官位置都一樣吧。喔？原來你是人類？好吧，那你的「眼睛」感知器官後面直接連到大腦，並持續傳送電氣訊號。「眼睛」以外的各個感知器官也持續傳送訊號到大腦。美國的實驗就把焦點擺在這上面。

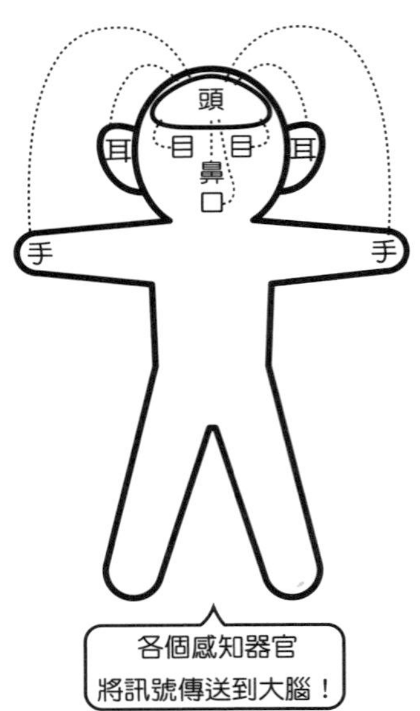

如果把與眼睛傳到大腦完全相同的電氣訊號傳到大腦裡，大腦竟然會在那裡看見世界。

他們傳送電氣訊號給眼睛看不見的人，結果成功地讓對方在腦海中看見「影像」。

蜜郎　太厲害了！

卡德魯　接著實驗又繼續**將電氣訊號傳送到「鼻子」、「耳朵」、「舌頭」、「手」等各個感知器官連接的部位**，發現那個人的腦海中形成了完美的「世界」。

所謂「完美的世界」，就是與我們現在所見的這個實際世界一點差異也沒有的世界，完全一模一樣。

我們現在在做的這一切，也只是電氣訊號將「世界」投影在我們的腦海中而已。

其實「世界」只存在於那個人的腦海裡。很像電影《駭客任務》吧？也就是說外界根本沒有什麼「世界」。有的只是電氣訊號，還有以這些資訊為基礎，**在腦海中創造出那個人的「世界」的虛擬實境罷了**。

蜜郎　聽起來好恐怖，外側沒有世界嗎？所有人腦海中只存在自己的「世界」。

但用電極刺進大腦裡……真虧美國做得出這麼恐怖的實驗。不愧是巴比倫。

卡德魯　因為這是很簡單的實驗，畢竟**只有五種感知器官**。人類沒有其他可以確認世界實在性的方法。

「視覺（視網膜感知器）」、
「聽覺（耳膜感知器）」、
「嗅覺（嗅黏膜感知器）」、
「觸覺（感覺點感知器）」、
「味覺（味蕾感知器）」，

只要對這五種感知器官傳送電氣訊號，腦海中就會出現與現實世界一模一樣的「世界」。或者說，實際上就是這樣創造出眼前這個我們稱為「現實」的世界。

現在這一刻，每個人的腦海都只是在進行相同的程序罷了。外側根本沒有什麼世界。**有的只是被安置在全世界的人類套裝中，無數被啟動的「世界」而已。**

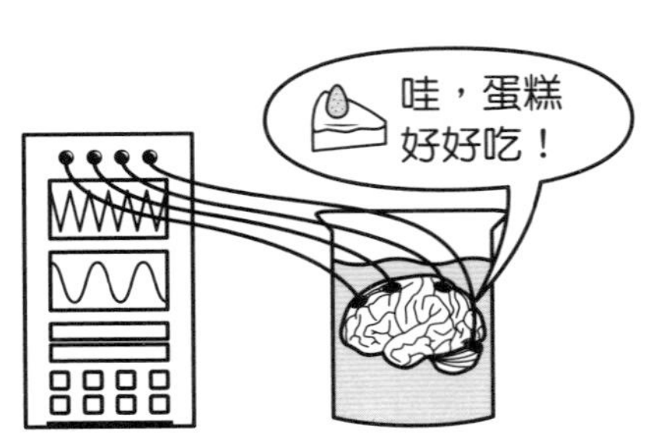

世界與「你」的年齡毫無差異

卡德魯　然後感覺到腦海創造出「世界」的人，就是「我」。**所以「我」與「世界」總是**

同時發生。

蜜郎　蛤？為什麼？

卡德魯　因為是「我」感覺到「世界」。**沒有「我」，就不可能有「世界」**。

蜜郎　喔喔，原來如此。

卡德魯　**如果沒有負責感覺的「我」，就沒辦法感覺到世界**。
如果沒有負責確認的「我」，世界就無法被確認。

蜜郎　咦？這樣說來，沒有「我」的地方，不就沒有「世界」！

卡德魯　我一直在講這件事。進入人類套裝以後，「世界」與「我」會同時啟動。不可能只發生其中一邊。

蜜郎　但我在睡覺時，世界還是存在吧？

卡德魯　就算別人跟你說：「你在睡覺時，世界還是存在喔。」但還是「我」在聽他說這句話。即使在這種情況下，「我」和「世界」還是同時發生，因為是「我」在確認這個「世界」。

蜜郎　但是就算別人不跟我說，在我起床之前，這個世界還是存在吧。

卡德魯　你為什麼能如此肯定？**你在睡覺時，並沒有看見世界，也沒有觸摸到世界。你又沒有確認到世界的「存在」不是嗎**？

蜜郎　我可以想像！我可以想像在我醒來之前，世界「應該存在」！我在睡覺時，這個房間應該存在，床也應該存在，我鮮美的肉體應該也躺在床上才對。

卡德魯　那些是你現在想像出來的吧？說來說去，「我（你）」還是正在發生。正在想像的「我」，與想像出來的世界同時發生。

蜜郎　真的耶。

卡德魯　就跟你說沒有例外。**「世界」與「我」總是同時發生**。只要一進到人類套裝裡，預備好的「世界」就會啟動。同時，享受那個「世界」的「我」也會啟動。不會只有「世界」這個全像（hologram）啟動，享受「世界」的「我」也一定會持續啟動。「世界」發生的期間，「我」也會持續啟動。若「世界」停止，「我」這個程式也會停止。

蜜郎　真了不起。永田說的「同年」就是這個意思吧。因為總是同時發生，所以合計發生的時間也一樣。

在沒有「我」的地方，「世界」不存在。在沒有「世界」的地方，「我」也不存在。

「我」與「世界」總是成對發生。

世界與「你」永遠是鏡像關係

卡德魯 接下來才是這個宇宙系統中最不可思議的一點：

「(我)」與「世界」永遠是鏡像關係。

「看的人(我)」與「被看的東西(世界)」、

「聽的人(我)」與「被聽的東西(世界)」、

「摸的人(我)」與「被摸的東西(世界)」、

「聞的人(我)」與「被聞的東西(世界)」、

「嘗的人(我)」與「被嘗的東西(世界)」，

你看，**「世界」總是與「(我)」的立場相反**。

這也是構成只有一方就無法發生的系統關鍵。

蜜郎 鏡子是關鍵？

卡德魯 你想想看，可能只有「看的人」嗎？

蜜郎 不可能。如果有「看的人」，眼前絕對有「被看的東西」，所以他才能被定義為「看的人」。

也不可能單獨存在「聽的人」，因為世界上有「被聽的聲音」，才能定義他為「聽的

「(我)」與「世界」的關係

(我)	看的人	聽的人	摸的人	聞的人	嘗的人
	↕	↕	↕	↕	↕
世界	被看的東西	被聽的東西	被摸的東西	被聞的東西	被嘗的東西

人」。

原來如此，「我」的五種感知器官全都一定要成對發生才行。

「摸的人（我）」不可能單獨存在，

因為有「被摸的東西（世界）」，我才能成為「摸的人」。

「聞的人（我）」也不可能單獨存在，

因為世界上有「被聞的氣味（世界）」，我才能成為「聞的人」。

所以是完全相對的「世界」讓「我」得以存在。

卡德魯 研究之後就知道，反過來也一樣。**「世界」不可能單獨發生**。「被聽的聲音」不可能單獨存在，因為有「我」在聆聽，它才能被描述為「被聽的聲音」。**「世界」前面總是有「我」發生，兩者是鏡像關係，**而且這個鏡像關係不限於五感。

蜜郎 什麼意思？

卡德魯 第六感的思考或想像也完全相對。如果有「想像色色的事的我」正在發生，「被想像的色色畫面」也會發生。煩惱也一樣，如果有「煩惱的我」發生，「讓我煩惱的事情」也會發生。夢想、願望、欲望也一樣，如果我「想要賓士車」，眼前的世界就會有「令我渴望的賓士車」。

如果「我對世界感到生氣」，眼前就會有「令我生氣的世界」。

現實就是，在「(我)」眼前一定會持續發生相對的「世界」。

蜜郎 為什麼這麼單純的關係，我們以前從未發現？現在回想起來，過去人生的每個瞬間都是這種鏡像關係！

「渴望什麼東西」時，就有「被渴望的東西」存在；「我眺望大海」時，就有「被眺望的大海」存在；「揍人」時，就有「被揍的人」存在。

每一分、每一秒，在「(我)」眼前總是投影出相對的「世界」，這麼單純的系統，卻從來沒注意到……我們是不是笨蛋……

卡德魯 或許只是**因為沒有發現人生由「瞬間」累積出來**。

在看到的瞬間，有被看到的東西；在聽到的瞬間，有被聽到的東西，一切都是相反的，只要

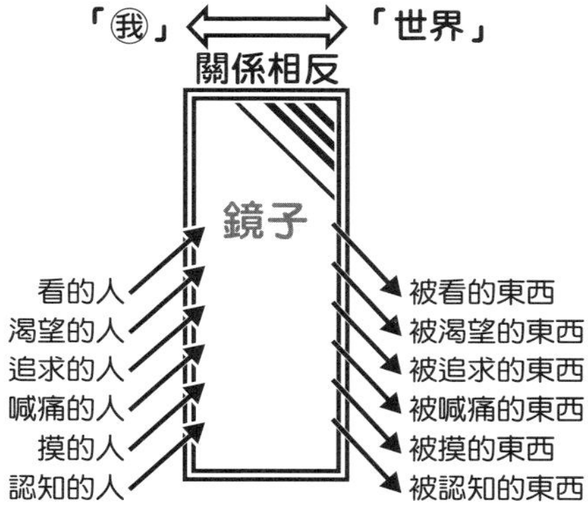

把一切都視為「瞬間」就很容易理解。每個瞬間都相反。

除此之外，如果用「瞬間」來想，馬上就能明白為什麼說「大小一模一樣」。

蜜郎　**「世界」與「我」的大小一模一樣**，是永田說的吧？

但我覺得世界比我大多啦！如果轉過頭去，背後一樣有世界存在吧。

卡德魯　你用「瞬間」來想，馬上就會懂了。

在你看著前面的瞬間，眼睛這個感知器官所感知到的量就是「世界」，所以「我」所感知到的量，與「世界」讓我感知到的量完全相等。

就算在下個瞬間回頭也一樣，你的感知器官感覺到多少量，「世界」就發生多少量，下個瞬間也是，再下個瞬間也是。**如果「感知者」與「讓人感知的世界」沒有在每個瞬間完全等量，那不是很奇怪嗎**？

蜜郎　原來如此。如果用瞬間來想，「感知者」與「讓人感知的東西」的量會永遠相等。

「煩惱的人」與「讓人煩惱的東西」等量；「渴望的賓士車」與「被人渴望的賓士車」等量；「看的人」與「被看的東西」也永遠等量。

哇賽，真了不起！人類套裝理論（別名蜜郎理論）也快完成了！

①「世界」與「我」同時發生，

②大小一模一樣，

③唯有關係完全相反。

全世界都還沒有人發現這件事情吧？

卡德魯 永田不是說已經有人發現了嗎？你到底有沒有在聽。在量子力學的物理學領域當中，這叫「觀測者效應」，**就是說在觀測者觀測之前，世界並不存在**。然後有一部分學者又更進一步解釋成：**觀測者透過觀測的行為讓世界發生**。

蜜郎 哇賽，那我不就跟神一樣偉大嗎？在我確認之前，世界不存在。你可以稱呼我為神。

卡德魯 我才不要，我自己也是神。總之，我根據電影《駭客任務》去調查的就是這些。

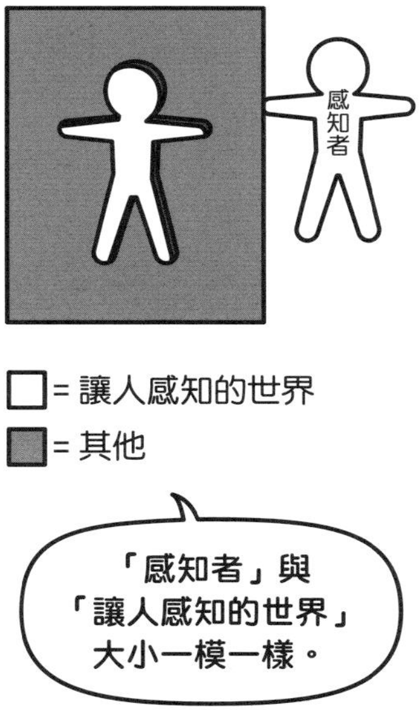

蜜郎　你可輕鬆了，看個電影，聽聽雷鬼，就能完成畢業論文。但為什麼宇宙會變成如此特殊的系統？

卡德魯　誰知道。我要去打工了，拜拜。

宇宙系統的祕密

「門一關上，耳邊就傳來尖銳刺耳的笑聲。」

魔鬼　嘻嘻。看來你已經相當逼近核心。

蜜郎　但我不懂宇宙為什麼會變成這種系統。

魔鬼　我可以告訴你「宇宙系統」的祕密，但你是不是該對我使用敬語了？十四年後的你對我可是畢恭畢敬，還跪著聽我說話。

蜜郎　你肯定在騙我吧？如果個性轉變那麼大，根本就是別「人」了。

魔鬼　是別人沒錯啊。每一瞬間發生的都是不同的「㊢」，**這個宇宙的每個角落、每個**

「世界」與「㊢」同時發生！

「世界」

「㊢」

嗶

瞬間，都在發生各式各樣的「我」。

說起來，「我」到底是什麼？

蜜郎 喂，是我在問祢！

魔鬼 你看，「我」就在剛才發生啦。

我就是聽的人，「正在聽」世界聲音的「人」，就是我。

還有看的人、想的人、聞的人、感覺的人，**身為主體的認知者，就叫「我」**。

蜜郎 也是，像看海時，「看海的一方」是我，「被看的那一方的海」就是世界。確認「世界」的一方就是「我」。

魔鬼 說得更簡單一點，**「我」就是感知器官的集合體，宇宙本身的感知器官**。

所有的「我」都一樣，全都是被安置在宇宙裡的感知器官。

不只是人類，這個宇宙的所有生命都是**以感知器官為界線，分成「我」與「世界」**。

宇宙用來「認知」自己的感知器官，就叫做「我」；

宇宙透過自己的感知器官被「認知」的部分，就叫做「世界」。

「看的一方」是我，「被看的一方」是世界，說來說去兩邊都是宇宙本身。

蜜郎 「世界」與「我」都是宇宙？為什麼要這樣唱獨角戲？這樣根本沒意義。

魔鬼　那我先來說說宇宙如何形成，你知道 Big Bang 嗎？

蜜郎　當然啊，就是能唱會跳的韓國人氣偶像團體。

魔鬼　沒錯，**那個 Big Bang 就是宇宙的起源，那是距今一百四十七億年前的事**。

蜜郎　原來如此，我又學到了一課！這個宇宙沒有比「搞笑被忽視」、「連一句吐槽也沒有」還丟臉的事了。不愧是魔鬼，竟然用這麼恐怖的招式來對付玩笑。

魔鬼　你覺得在大爆炸發生前，宇宙是什麼樣子？

蜜郎　**在 Big Bang 這場爆炸發生前的宇宙「只是一個點」**，科學家把它叫做「奇異點」對吧？這個我有認真在圖書館查過，據說現在宇宙裡的所有物質、所有能量，原本都收縮在那「一個點」裡。

魔鬼　沒錯，**不管是星星、人體、海洋還是建築物，如今存在在宇宙的所有物質，原本都收縮在一個點裡**。

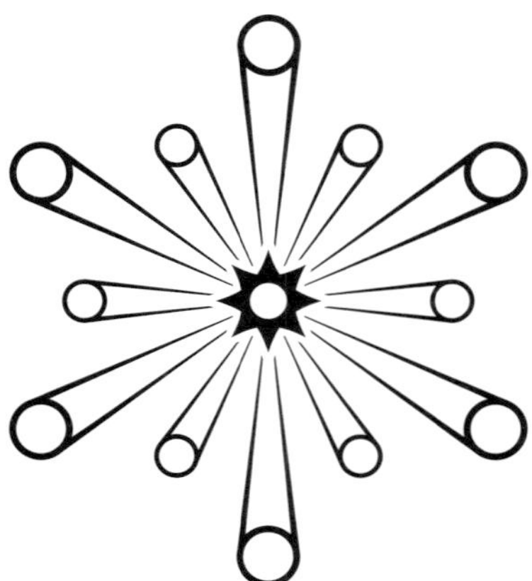

Big Bang（大爆炸）

蜜郎 不過你們在聽到這件事時，只會想像「有無數物質集中在一個地方」，對吧？

魔鬼 咦，不是這樣嗎？我以為是宇宙裡的所有東西都硬擠在一個很狹窄的地方。

你錯了。當宇宙的一切都收縮成「一個點」時，那裡會變成超高密度、超高能量的點，因此原子核會衰變。總而言之，就是彼此的「邊界」會消失，**所有物質會以「一體」的形式存在**。

蜜郎 原來如此，所以不是一百兆個單位集中在同一個地方，而是真的只有「一個」，對吧？大爆炸發生前，宇宙是「一體」的。

魔鬼 沒錯，就是一體。**除此之外什麼也不存在，而這個「奇異點」包含了一切，**在宇宙中，任何東西的起源都是這個「一體」。

接下來你想像一下這個「奇異點」。

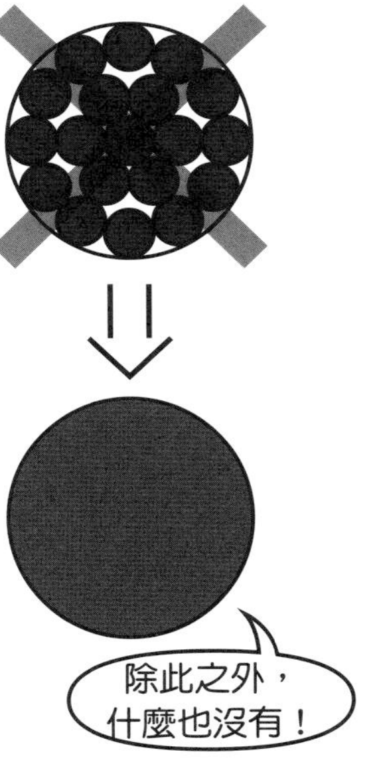

蜜郎　嗯……由整個宇宙收縮而成的「一個」點……一步一步追溯宇宙的歷史……

大爆炸後四分五裂的四十兆個物質變成二十兆個，二十兆個變成十兆個，十兆個在變成五兆個……最後終於……所有物質融合成唯一的……「點」……

魔鬼　好，你想像到什麼了？

蜜郎　好像是一點像圓球的光……潔白美麗，非常地耀眼，唯一的一點光……是愛，那裡只有……愛。

魔鬼　呃，大錯特錯，愛是什麼鬼？

蜜郎　錯了嗎！虧我講出這麼丟臉的話！我太沉浸在羅曼蒂克的想像裡了。

魔鬼　什麼跟什麼，還「那裡只有……愛」，把我的臉還來！我問你，那一點可是這個宇宙所有物質集中的點耶？你這樣不就違反原則了？

蜜郎　哪裡違反原則？因為我扮演了做作男的關係嗎？

魔鬼　既然是「這個宇宙的全部」，那連正在想像的你也是那一「點」才對。

蜜郎　喔，對吼。**因為我也由宇宙的物質所構成，所以在大爆炸發生前，我也融合**

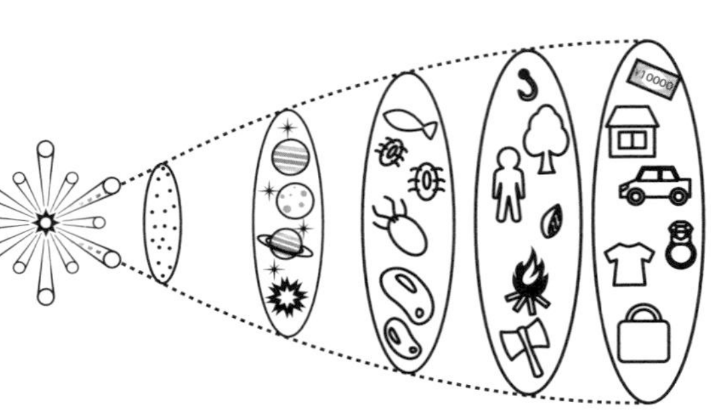

在那「唯一的點」裡面。

那如果連我也被吸收到那一點裡，沒有了邊界，變成「一體」的話……咦？請等一等，閣下，這樣不就沒有人能夠想像那個「奇異點」嗎？**因為宇宙「除了那一點以外」，什麼也沒有。**

宇宙的全部就是那「一點」，所以根本沒有「人」可以從外側去「想像」。

魔鬼　沒錯，在大爆炸之前只有「一點」，除此之外什麼也沒有。

換句話說，那傢伙根本沒辦法「想像」，**因為至少需要「兩個」物質才能想像**，也就是「想像的人」與「被想像的東西」。

蜜郎　那不就是偽命題嗎！竟然叫我做這種不可能的想像。

魔鬼　宇宙的開始就是假的啊！

你想想看，那就是什麼也做不到，

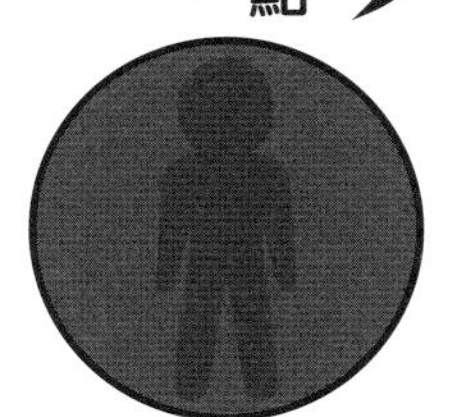

奇異點（宇宙的全部）

不能夠有兩個點

奇異點（宇宙的全部）

想像奇異點的「我」

蜜郎　**因為「在那之外」什麼也沒有。**

豈止是無法想像，根本是所有的「行為」都做不到。

那是當然的啊！

如果要「看」，就要有「看的人」和「被看的東西」；要「聽」，就要有「聽的人」和「被聽的東西」；要「摸」，就要有「摸的人」和「被摸的東西」。

至少要有兩個不是嗎？

雖然我現在對於提出偽命題的閣下滿肚子火，但要「生氣」，至少也要有「被生氣的對象（閣下）」和「生氣的人（我）」才行。

如果沒有兩個以上，就不會發生任何「行為」。

魔鬼　沒錯，只有「一個」的宇宙什麼也做不到，甚至也無法「體驗」。因為「體驗」需要有「體驗的人」與「讓人體驗的東西」。

蜜郎　**那宇宙開始前的那傢伙，不就超級無聊的嗎？**

除了「一點」以外，
什麼也沒有的宇宙

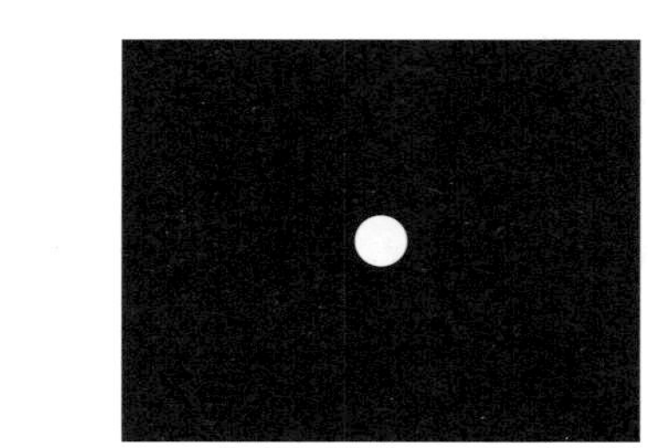

想像

想像的人

被想像的東西

魔鬼　你想起來啦？

蜜郎　蛤？「想起」什麼？

魔鬼　你就是那個奇異點。

蜜郎　祢腦子壞了啊？竟然要一個連昨天便當配菜都想不起來的男人，想起一百四十七億年前的事？

魔鬼　從理論上來說，我可以理解**構成我現在身體的所有分子都被含在大爆炸前的「一個點」裡**，但不可能想起來吧。時候到了就會想起來。因為無論是昨天還是一百四十七億年前，都跟「上一瞬間」屬於同樣範疇。

總之，宇宙最初什麼也做不了，因為只有「一個」而已，所以才決定挑戰「分裂」這個主意。

三要素構成所有物質

蜜郎　原來如此，分裂成兩個，就可以「體驗」了。

「看」的行為

被看的東西

看的人

只有一點無法「看」

魔鬼　宇宙用盡所有能量、質量分裂成兩半。那場大爆炸就是 Big Bang。不過宇宙分裂成兩個後，卻發生了意料之外的失算。

蜜郎　什麼意料之外的失算？祢是說像偶像團體一樣，即使後悔說「早知道就不要拆夥」，卻還是無法重新復合嗎？

魔鬼　**宇宙在分裂成兩個的瞬間，變成三個了。**

蜜郎　分裂成兩個以後，變成三個了？什麼跟什麼。

魔鬼　若從宇宙整體來看，在「看的人」與「被看的東西」這兩者出現的瞬間，**等於同時得到了「看」這種行為**。

在「體驗的人」與「讓人體驗的事物」這兩者出現的瞬間，從宇宙整體來看就是得到了「體驗」這種行為，這樣你明白嗎？

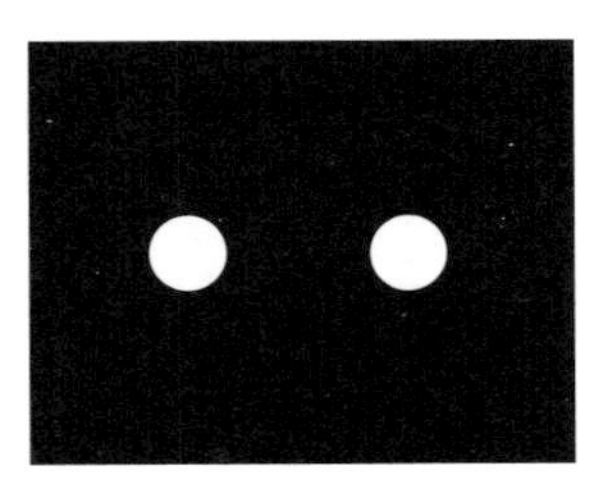
分裂成兩個的宇宙

蜜郎　喔喔，原來如此。畢竟在宇宙只有「一個」、閒著發慌時，連「看」這種行為都做不到。所以這就等於宇宙也得到了「看這種行為」，因為這是直到前一刻為止都還沒有的「概念」。

換句話說，宇宙在大爆炸之後，

第一，得到「看的人」，

魔鬼　第二，得到「被看的東西」，
第三，還得到「看這種行為」對吧？
沒有先後順序，**這三點同時發生**。
舉例來說，假如「看」這個行為出現在宇宙，
那裡絕對會有「看的人」與「被看的東西」，
所以才會有「看」的行為發生，**「看」這個行為無法單獨存在**。
再來，「被看的東西」也無法單獨存在，
既然有「被看的東西」，當然有人在「看」，
當中必須有「看的人」，同時也有「看」的行為存在。**全部都是「三個同時」發生**。

蜜郎　原來如此，一定要三個一組，因為是無法切割的關係。

魔鬼　**宇宙就是這樣從「三個要素」開始**。
不僅如此，其實現在所有的物質都是由「三個要素」構成。

分裂成兩個的瞬間，形成了第三局

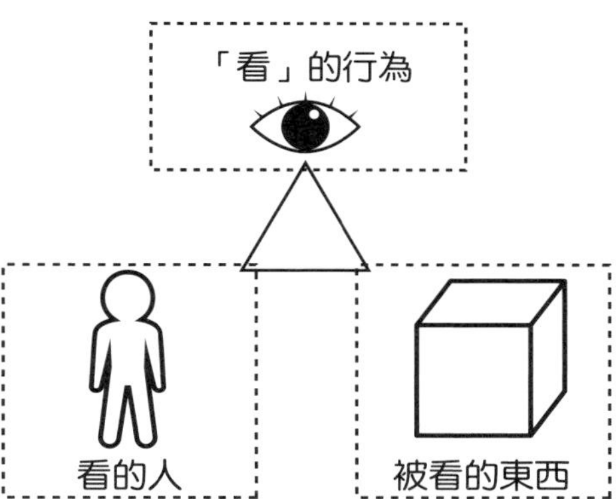

三點同時發生

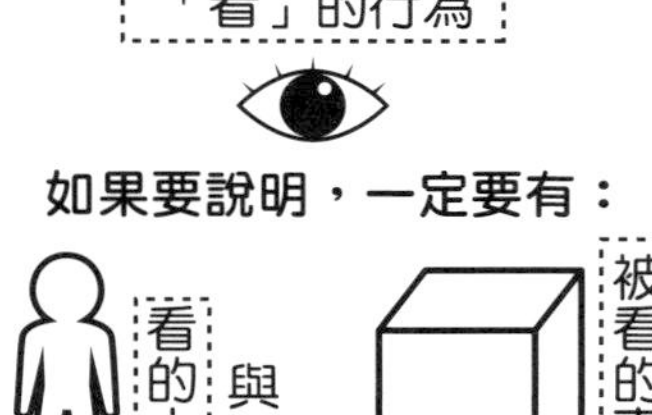

蜜郎

魔鬼

這個宇宙不存在**只有「一」或「二」就能存在的東西**，因為存在就是「三個」。

什麼意思？

這理論說起來很難，但你想像一下桌腳，就可以憑感覺理解了。

一支桌腳的桌子站不穩，兩支桌腳也站不穩，一定要三支桌腳，桌子才站得穩，這就是「三個要素」。

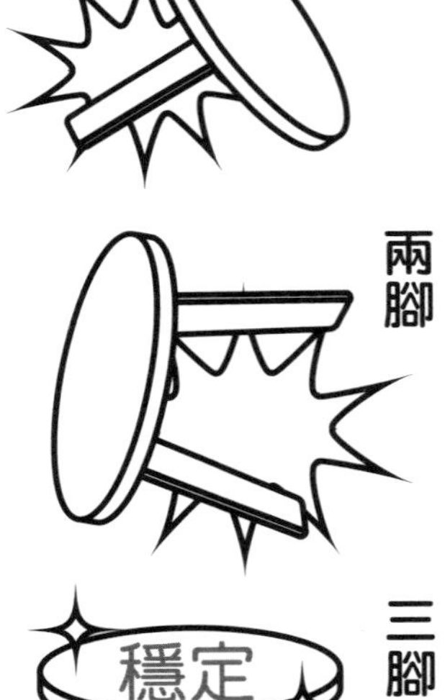

「被看的東西」

無法單獨存在。

「看」的行為

而那會創造出「看」這種行為。

看的人

因為有「看的人」，才能夠確認「被看的東西」。

蜜郎　**如果沒有「三個」要素，物質根本無法存在**。不管有一個或兩個都一樣，存在絕對是由「三個要素」構成。這番話好像在哪裡聽過……物質全都由「三個」構成……啊！是卡德魯說的「海爾・塞拉西！」三者合一的力量！三位一體！

魔鬼　沒錯，世界的一切都是由「三」構成，也就是「三位一體」。**如果「分裂的三個要素」合為一體，就會變回「能量」**，也就是「無」這個「奇異點」。

蜜郎　雷鬼太強了！竟然早就看出這三要素的真相。

魔鬼　不只是雷鬼，全世界的神話都在傳誦「三要素」的故事，例如「父、子和聖靈」、「太陽、月亮和地球」、《古事記》中的「三貴子」。

蜜郎　喔，永田好像也在專題討論時說過！他說我的肉體由蛋白質組成，蛋白質又由胺基酸組成，胺基酸又由分子組成，分子則由原子組成，**而原子由「質子」、「中子」和「電子」所構成**。

結論是，只要有「質子」、「中子」和「電

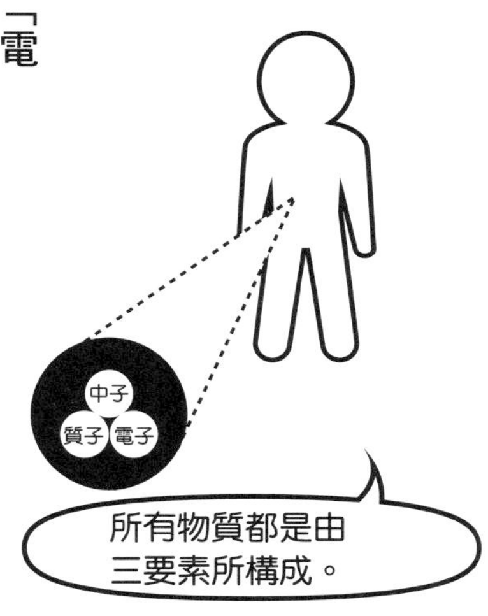

魔鬼

子」三要素，就能製造出宇宙中的任何物質。

沒錯，物質全都是由這三種粒子所構成。但這「三要素」講的可不是只有物質而已，**而是宇宙的一切，包括行動、思考和願望的實現，都是由「三要素」所構成。**

舉例而言，所謂的**「認知」**就是：**「認知的人」**與**「被認知的東西」**。

「渴望」就是：**「渴望的人」**與**「被渴望的東西」之間的關係**。

「願望」就是：**「想實現的人」**與**「遙遠的夢想」的故事**。

「學習」就是：**「學習的人」**與**「尚未學習的知識」的相遇**。

「搞笑」就是：**「笑的人」**與**「讓人發笑的藝人」之間的碰撞**。

無論截取宇宙的哪個角落、哪一瞬間，都可以像這樣分類成「三個要素」。

宇宙本身是分裂成這三點才出現，它出現時就會變成「三個」，回去的話就會變成「無」。

蜜郎

「三位一體」原本是「三個是一體」的意思嗎？

我現在終於知道巴布．馬利唱的「超越幻想的分離，重

存在於宇宙中的三要素

行為、概念	主體	對象
認知	認知的人	被認知的東西
欲望	渴望的人	被渴望的東西
願望	想實現的人	遙遠的夢想
學習	學習的人	尚未學習的知識
搞笑	笑的人	讓人發笑的藝人

返One吧」的意思。

魔鬼 他在唱的就是這件事吧！

沒錯，宇宙原本是「一體」，也就是One，但因為是「一體」，所以什麼事也做不了。

蜜郎 **那我問你，你覺得宇宙的最大心願是什麼？**

魔鬼 就是「體驗」吧？因為什麼事也做不了而閒得發慌，它應該會想唱歌、跳舞。

我、世界與體驗

蜜郎 沒錯，宇宙最大的心願就是「體驗」。因為當宇宙是一體時，沒辦法「體驗」任何事。

魔鬼 那麼為了獲得「體驗」，需要有什麼才行？

蜜郎 為了獲得「體驗」，需要有「體驗的人」（主體），與「被體驗的事物」（客體）。

魔鬼 好，終於全員到齊了。

三要素指的就是「我」、「世界」與「體驗」。

宇宙的心願是「體驗」。為了獲得「體驗」，需要有

三要素的統稱

主體	對象	行為、概念
看的人	被看到的東西	「看」的行為
聽的人	被聽見的聲音	「聽」的行為
體驗的人	被體驗的事物	「體驗」的行為
認知的人	被認知的東西	「認知」的行為
↓統稱↓	↓統稱↓	↓統稱↓
「我」	「世界」	「體驗」

「我」與「世界」。

①所謂的「我」，就是看的人、聽的人、感覺的人、體驗的人。是的，就是你們人類。

②所謂的「世界」，就是被看的東西、被聽的聲音、被感覺的事物、讓人體驗的地方。也就是你們稱為「宇宙」或「現實」的東西。

因為「我」與「世界」分離，宇宙才能持續獲得原本不可能得到的「體驗」。

蜜郎　原來如此。**為了得到「體驗」，才會分裂成「我」與「世界」。**

魔鬼　無論是什麼瞬間，都可以用這三個要素來說明。

例如，在你**「眺望海洋的場面」**，發生的就是：

(1) 眺望海洋的人＝「我」，

(2) 被眺望的海洋＝「世界」，

(3)「眺望」海洋的「體驗」。

在你**「渴望錢的場面」**，發生的就是：

眺望海洋的人　被眺望的海洋

「我」

「世界」

「渴望」的

「體驗」

渴望錢的人　被渴望的錢

「我」　「世界」

「眺望」海洋的

「體驗」

（1）渴望錢的人＝「我」，

（2）被渴望的錢＝「世界」，

（3）「渴望」的「體驗」。

宇宙的每個瞬間、每個場面，發生的都只是「我」、「世界」和「體驗」而已。

除此之外，什麼也沒發生。

蜜郎　只有這三個？但那個時候健二也在宇宙裡啊。

魔鬼　在這種情況下，宇宙「體驗」的只是：

（1）主張「健二應該也在」的「我」，

（2）被人主張健二「應該也在」的這個「世界」，

（3）「主張」的「體驗」。

因為要得到「主張」的體驗，必須有「主張的人」與「被主張的事物」才行。

現在宇宙得到的就是「主張」的「體驗」。

在只有一個的情況下無法做任何事的宇宙，分裂成三點以後終於可以體驗到「主張」。

蜜郎　但健二也在吧？我現在立刻殺去小鋼珠店的話，

「主張」的

「體驗」

健二不就在那裡嗎！

魔鬼 在那種「**場面**」下，就是分裂成：

（1）衝出家門拔腿狂奔的「(我)」，

（2）提供道路給人奔跑的這個「世界」，

（3）「奔跑」的「體驗」。

這三個點。

等你抵達小鋼珠店以後，應該會說：「看吧，健二的肉身確實以實體出現在這裡！」

宇宙在那一瞬間發生的「**場面**」，就是分裂成：

（1）觸摸人的「(我)」，

（2）被觸摸對象的這個「世界」，

（3）「觸摸」的「體驗」。

這三個點。

聽好了，不管截取這個宇宙的哪個瞬間、哪個場面，全都只分裂成「(我)」、「世界」與「體驗」三點，除此之外，什麼也沒發生。

蜜郎 真的耶……宇宙只存在這三點，除此之外就沒有了。

體驗源自兩個極端的探索

魔鬼　好了，我們終於抵達話題的原點了。你認為「我」與「世界」為什麼性質完全相反？

蜜郎　該、該不會？

魔鬼　沒錯，你很聰明。

蜜郎　因為宇宙是自戀狂！動不動就想照鏡子！

魔鬼　把你變不見喔。

蜜郎　嗯……等一下啦……啊，我知道了，因為原本只有「一個」的宇宙分裂成兩個，**所以只要是「這裡」沒有的東西，全部都在「另一邊」吧**？**反過來說，只要是「另一邊」沒有的東西，全部都在「這裡」**。所以才會變成「完全相反的性質」。就跟夫妻離婚的財產分配一樣！剛好分成兩份。

魔鬼　這個比喻很不錯，因為擁有宇宙全部的「奇異點」被分成兩邊，所以「這裡」沒有的東西，全都在「另一邊」。換句話說，另一邊性質會跟這一邊完全相反。

那裡「有」的，這裡「沒有」，那裡「沒有」的，這裡都「有」。

「我」與「世界」就是這樣分裂成完全相反的性質。或者更正確地說，只要分裂就一・・・・

定會變成完全相反的性質。

蜜郎 原來如此，正因為是全部都有的奇異點，所以一旦分裂，就一定會變成鏡像性質。

魔鬼 然後因為「㊢」與「世界」之間的關係叫做「體驗」，所以結論就會變成：

所謂的「體驗」，指的就是宇宙分裂成完全相反的性質。

在「正」與「負」之間來回，是「體驗」；

在「壞事」與「好事」之間來回，是「人生」；

在「傷心」後的隔天「開懷大笑」，是「人類」。

所謂的「體驗」，指的就是在性質相差最遠的兩極之間來回的行為。

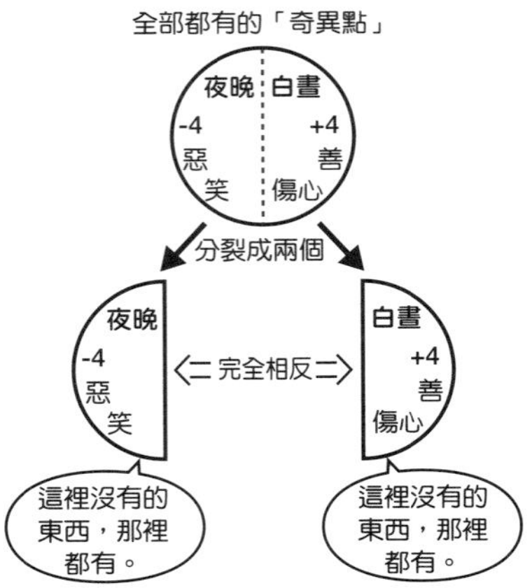

蜜郎 原來是這樣！所以我才會從沖繩來到北海道念大學。

我總是莫名地想體驗最遠的地方，之所以每次都會成為很好的「經驗」，原來是因為我體驗了完全相反的性質。

魔鬼 **沒錯，如果你想知道什麼，就去探索兩個極端就可以。**

「好事」與「壞事」都發生，就可以說是「經驗」；唯有經歷過「榮耀」與「挫折」，

全部都有的「奇異點」
夜晚 白晝
-4 +4
惡 善
笑 傷心
分裂成兩個
夜晚 -4 惡 笑
⇐ 完全相反 ⇒
白晝 +4 善 傷心
這裡沒有的東西，那裡都有。
這裡沒有的東西，那裡都有。

才算是有「經驗」的人；經歷過越多「失敗」與「成功」，才算是有「經驗」的人；

蜜郎 沒有「失戀」過的人，怎麼有辦法當「戀愛」軍師？

魔鬼 好討厭喔，如果兩個極端都不知道的話……

蜜郎 這就是我告訴過你的盪鞦韆法則，因為任何事情都有兩極，所以鞦韆才會盪來盪去，追求著另一端的「體驗」。

魔鬼 蛤？盪鞦韆法則？那是什麼？

蜜郎 對吼……那是我差點被你抄襲的理論，簡而言之就是**鞦韆會以最遠的地方為目標擺盪**。

魔鬼 那不是當然的嗎？**因為在最後面儲存能量之後，就能盪到最前面**。

蜜郎 竟然有人想要抄襲這麼遜的理論，看來那個人還真是無藥可救了。

魔鬼 據他本人的說法，他是全世界最「無藥可救的人」。

總之，結論就是**你們人類每一天的生活，就是在「極端」之間擺盪的遊戲**。斷食的人總是想著「吃」，擁有太多的人總是害怕「失去」，常做善事的人總是壓抑著想做「壞事」的念頭，只要了解這個能量的原理，**就會知道人類總是想去距離「現在」、「這裡」最遠的地方**。

蜜郎 好像可以理解。我單身時就想交女朋友，但是一旦有了女朋友，又想要自己一個人。

魔鬼

我總是在尋求一個跟這裡不同的地方。

從這個幻覺遊戲中抽身的方法很簡單，就是不管現身在哪裡，都要享受當下。

如此一來，鞦韆擺盪的幅度就會越來越小，等到完全停止不擺盪時，你們就會獲得宇宙的一切。

以往的教誨

即使困難重重，也要聆聽「持續成功者」的話。

沒有失戀過的人，稱得上是有戀愛經驗的人嗎？

閣下的

了解世界系統的體感作業

a way to blow away your anger

在此實際體驗一下什麼叫做「(我)」與「世界」總是處於鏡像關係。
當你「搔搔屁股」的時候，就有「被搔的屁股」存在；
當你「想喝水」的時候，就有「被渴望的水」存在；
當你「討厭某人」的時候，就有「被討厭的某人」存在。
那麼……

(我)		世界
Q1.「想吃蛋糕」的時候？	→	「　　　　　　」
Q2.「想翹班」的時候？	→	「　　　　　　」
Q3.「想跟某人接吻」的時候？	→	「　　　　　　」
Q4.「捐錢」的時候	→	「　　　　　　」
Q5.「放屁」的時候？	→	「　　　　　　」

（解答）A1.「被渴望的蛋糕」　A2.「讓人想翹掉的班」　A3.「讓人想接吻的某人」
A4.「被捐出的錢」　A5.「被放出來的屁」

第9章 世界是場自我催眠大賽

世界建構在大量的自我催眠上

在「㊙我」發生之前，我不知道「㊙我」究竟身在什麼樣的世界，因為那裡並沒有「㊙我」。

不過就連我也能夠說明，在「㊙我」開始後看到的這個「世界」，究竟有多麼美麗。

不，應該說只有我才能夠說明。

說不定那就是「㊙我」唯一的工作，說明這個「世界」有多美麗、這個「世界」有多精彩。

從「㊙我」的眼睛高度、從「㊙我」的耳朵位置、從「㊙我」的思考模式，說明只能從這個角度看到的、眼前的「世界」有多美。

今天也獻身給宇宙吧。

紅的、藍色、黃的、紫的、矮的、高的、胖的、瘦的，一切的不同，都聚集在我的世界裡。

魔鬼 每一幅畫都很棒不是嗎？

蜜郎 孩子的畫都很天馬行空，沒有哪一幅的色彩一模一樣。

看來根本沒有人顧慮所謂「正確」的填色、「美麗」的構圖，或「理想」的方向。

「今年，我在沖繩的炙夏中欣賞畫作，」

三十六位小畢卡索的作品就張貼在教室後方，
很明顯地，沒有任何人遵循統一的規則，唯獨主題已由老師決定——
「夢想～我將來想從事的職業～」
今天是四年級的大兒子黑糖的教學參觀日。
即使在這種場合，某個嘮叨不停的傢伙還是持續在我耳邊竊竊私語。

魔鬼 不過他們已經稍微沾上「善」勢力的色彩了，嚮往著所謂「正確的」單一方向。

蜜郎 有嗎？看起來每個人都各有各的方向啊。

魔鬼 **如果是這樣，那為什麼沒有「狙擊手」**？

蜜郎 閣下……如果小孩才小學四年級，卻說「我的夢想是狙擊手」，那樣父母會作何感想？
一定傷心得看不清楚眼前景象吧。

魔鬼 那樣就算自己被狙擊，也要盡全力阻止孩子的夢想！
看吧，你就已經定型啦！為什麼沒有「酒店小姐」？

蜜郎 我不是說了嗎？祢傻子喔！這個年紀的小孩怎麼會知道「酒店小姐」？

魔鬼 看吧，是你們奪走他們學習的機會吧？父母親都逃避那樣的對話，試圖引導到「正確的」方向。你看完畫以後沒發現嗎？那三十六張的職業，全都是正義英雄或英雄的夥伴。**從漫畫、電視、學校到家長，甚至連零食製造商都共同聯手，讓孩子們嚮往成為「正義英雄」，才會有那樣的結果。**

蜜郎　不，這樣總比傷透父母心的「勁爆狙擊手言論」好多了。我寧可讓「希望世界和平」的孩子多一點。

魔鬼　光是這個班級就有三十個孩子被迫說「希望世界和平」耶？**那樣世界到底需要多少戰爭才夠**？

有越多的「英雄」就需要越多的「邪惡」不是嗎？看這間教室後面的畫就一目了然了。讓世界變壞的並不是「邪惡」，世界是為了「英雄」的存在，才必須維持今日的混亂狀態。

蜜郎　嗯，說得也是。

「想要幸福的人」越多，就需要越多的「不幸」，因為唯有不幸的人，才有可

魔鬼 能獲得幸福。

所謂的「想要」，就是一個夢想。

宇宙對人很好，在你覺得「想要」的瞬間，當場就會幫你實現完美的「想要」狀態。

在「想變優秀的人」面前，有一個「不優秀的自己」；

在「想要幸福的人」面前，有一個「不幸福的自己」，

一切都會完美地反映在當下。

你是想要讓那個不優秀的我，「變得優秀」對吧？

想要讓那個不幸福的我，「變得幸福」對吧？

不管是「想變優秀」還是「想要幸福」，都已經如你所願實現了，

因為願望會把宇宙分割成兩半，所以應該要許下正確的願望才對。

蜜郎 怎樣才是正確的許願方式？

魔鬼 魔鬼的許願方式只有一個，**就是自我催眠**。除此之外，沒有其他可以實現願望的方法。

蜜郎 自我催眠？

魔鬼 「現實」本來就是一場自我催眠，有多少人類就有多少個世界。

若以大海為例，**明明眺望同一片海洋，有人感覺很放鬆，有人卻覺得很寂寞，**

如果「海洋」只有一種意義，每個看到的人不都應該得出相同的答案嗎？

如果有很明確的「海洋」存在於自己外側的世界，那麼就算一萬個人來看，也應該會說出同樣的話才對吧？

豈止如此，假如真有「自己外側的世界」，**根本不可能存在任何對世界的意見分歧**。

因為大家看的都是「同樣的東西」，所以絕對不可能出現「不同」意見。

然而世界至今依舊渾沌，充斥著各種不同的意見，連一個核能對策都遲遲無法決定。

這就證明了根本沒有什麼「自己外側的世界」。

蜜郎

量子力學也說啦，**因為一個人「那樣」看世界，所以他看到的「那樣」，就是世界**。有多少觀測者，就有多少不同的世界。

但這樣說來，我常在演講時被問到一個問題，就是雖然每個人對「海洋」有不同的感受，但每個人眼中看到的「海洋」應該都一樣吧？

不管對A先生，或對B小姐來說，海洋應該都是「藍的」？

有多少人就有多少種對「海洋」的解釋！
好大！
好鹹！
好寂寞！

魔鬼　**就連「說『海洋是藍的』的B小姐」，也是A先生自己看到的。**

所有A先生看到的事物，都是他的自我催眠。

不僅是「海洋」，連「B小姐」，還有「B小姐說的話」，都是A先生看到的東西。

在自己外側的世界根本沒有「B小姐」，**是A先生在自己腦海中的世界創造出「B小姐」**。

那個人眼前的一切，都是他自己在腦海中看到的世界，所以B小姐才會按照A先生所相信的那樣，說「海洋是藍的」。

但真實情況是海洋根本沒有顏色，也只是他自我催眠「有海洋存在」。

那裡根本沒有海洋，自己外側的世界根本什麼也沒有，**因為自己的外側根本沒有世界**。

好藍！
好藍！
好藍！
B
C
D
大家的意見都一樣吧？
A
連其他「人」也都是A先生腦海創造的！

蜜郎　感覺就像有一鍋萬物起源的原生湯（primordial soup），只要有哪個人一看，就會瞬間凝固成他「想看的形狀」嗎？

魔鬼　錯，一切都是自我催眠。世界上所有的一切，都是自我催眠。

如果觀測者沒有集中意識，那裡就不存在任何東西，甚至連「那裡」都不存在。物質看起來會是那個樣子，那也是只有你才看得見的「形狀」。

小嬰兒眼中沒有海洋與天空的交界線，**因為他們並未定義哪裡到哪裡是「海洋」，哪裡開始是「天空」**，直到有一天，有人告訴他「這裡以上叫做天空」，才鑿出正確的「天空」形狀，而其餘就會成為正確的「海洋」形狀。

這就是從眼前空無一物的風景中，鑿出無數自我催眠「形狀」的過程。

「從這裡到這裡是○○的形狀。」

如果觀測者相信的話，看起來就會是那個「形狀」，如此而已。

但物質的全部、世界的全部，本來就是自我催眠。

「世界」的存在，也是自我催眠；

「我」的存在，也是自我催眠；

「自我催眠」正在發生，也是自我催眠。

認知投射出世界

蜜郎　「自我催眠」正在發生，也是自我催眠。好了啦，這些饒舌的東西就留給《般若心經》

或我寫的書去發揮！你趕快教教我**怎樣利用「自我催眠」實現夢想**。比方說，變成有錢人的方法！

魔鬼　既然一切都是自我催眠，那麼自我催眠「自己是有錢人」的人，只不過是看到「有錢的自己」的「世界」。**並不是說有一個鐵錚錚的「有錢」事實，而是那個人自我催眠自己是有錢人而已**。

蜜郎　可是實際上我並沒有三億圓，但有錢人卻有那麼多錢。

魔鬼　那只是有錢人自我催眠「我有三億圓」，而你自我催眠「我沒有三億圓」。**其中的差別只有「自我催眠」而已**。

蜜郎　那如果自我催眠「我有三億圓！」就可以創造出那樣的「世界」嗎？可是我一直都許願「想要三億圓」耶？

魔鬼　為什麼要許願呢？就是因為你不相信。**相信的人並不許願，許願的人並不相信**。你一直許願「想要三億圓」，所以才沒有實現，許願就是「不相信」的證據。

蜜郎　那祢說，為什麼有人有辦法弄到三億圓？那些實際上「擁有」的人。

魔鬼　他們是自我催眠達人啊，King of 自我催眠。

這個世界本來就是一場**自我催眠大賽**，

因為在「那樣」自我催眠的人眼前，

會出現「那樣」自我催眠的世界。

自我催眠「我長得很高」的人，看到的就是長得很高的我；

自我催眠「我很幸福」的人，看到的就是幸福的世界；

自我催眠「我很有錢」的人，看到的就是在游泳池畔撫摸暹羅貓的世界。

蜜郎 你覺得在一個不過是場自我催眠大賽的世界裡，許願「想變幸福」，會發生什麼事？

因為會經歷到「想變幸福」的體驗，就會看到不幸福的世界……

魔鬼 畢竟**想變幸福的人，就是深信自己「不幸福」的人**。

沒錯，因為搞錯了許願方式，才沒辦法順利自我催眠，自我催眠著錯誤的「自我催眠法」，咿——嘻嘻嘻。

蜜郎 那麼無聊的繞口令，有什麼好開心的？

哼，反正你給我聽著，你這個自我催眠的傢伙！

魔鬼 **越是許願「我想變幸福！」就會讓「我不幸福！」的自我催眠更加惡化！**

給我記住這個鏡子原理。因為「世界」是投射出來的，所以越是許願「我想變幸福」，就越會投射出「不幸福的證據」！

如果大叫：「我想變幸福！」就會投射出「我現在只有三十萬圓存款」；如果又大叫：「我想變幸福！」就會投射出「我右膝痛」。

越是大叫「想要」怎樣，就越會投射出「想要的世界」，**所以別再大叫「我想要」啦！**這個世界是一場自我催眠大賽，**你唯一需要的就是自我催眠「已經⋯⋯」**。

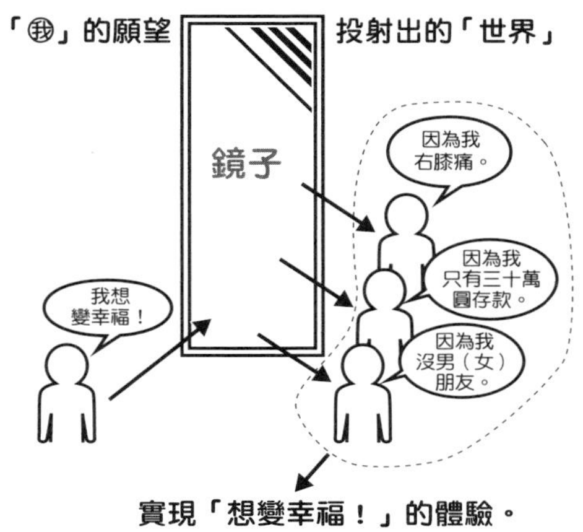

「我」的願望
投射出的「世界」
鏡子
我想變幸福！
因為我右膝痛。
因為我只有三十萬圓存款。
因為我沒男（女）朋友。
實現「想變幸福！」的體驗。

自我催眠：「已經完成。」

自我催眠：「已經康復。」

蜜郎

原來如此，就是**不要想著「我想⋯⋯」，而是想「我已經⋯⋯」**，畢竟自我催眠就是那個意思。

我聽過一個故事，有一個右邊膝蓋骨折的人，某天開始不再想著「右邊膝蓋好痛」，而開始想「我的左邊膝蓋很健康」，只是這樣把意識從「無」轉換到「有」，聽說就迅速康復了。

對大腦來說，「右邊」、「左邊」或「膝蓋」都不重要，重要的是那個人有沒有多次意識到「我已經很健康」。

意識到一百次「左邊膝蓋一直很健康」的人，就會自我催眠出「我已經痊癒」的「世界」。而意識到一百次「（右邊膝蓋）一直沒有痊癒」的人，就會按照自我催眠那樣遲遲未癒。只要轉換意識，從「沒有」轉換到「有」，據說就「可以停止」生病。

魔鬼

沒錯，**疾病可以「停止」**，因為那只是患者的自我催眠。

不幸也「可以停止」，因為幸福也是自我催眠。

剛才大叫「我想變幸福！」的人會說：「我只有三十萬圓存款。」反觀大叫：「我肯定很幸福！」的人，應該會說「我已經有三十萬圓存款」。儘管現狀完全相同，展開的世界卻南轅北轍。

請不厭其煩地呼喊「充足」吧，

30萬圓
許願方式的差異
我可能很幸福！
我想變幸福！
投射出的「世界」
➡ 因為我已經有三十萬圓的存款。
投射出的「世界」
➡ 因為我只有三十萬圓的存款。

蜜郎

不要去追求不足。

世界這場自我催眠大賽的勝負，取決於一個人能不能一再自我催眠「已經完成」、「已經做到」或「已經發生」。

從「無」到「有」，從「不足」到「充足」，總而言之就是**把意識焦點擺在哪一邊**的差別。

說到剛才那個病患醫生的故事，有一次有個莫名頭痛的女性去腦外科求診，問說：「醫生，我哪裡有問題？」

但從X光來看，那位女性並沒有任何異狀，於是她被轉掛到內科進行尿液檢查，「醫生，我哪裡有問題？」結果依然沒有發現任何異狀。

後來不管去心臟內科、皮膚科、轉診到大學附設醫院，甚至跑去給人算命，都還是找不出病因。

最後她找到一名師父，問說：「師父，我到底哪裡有問題？」

結果師父說：「**就是那個。問說『我哪裡有問題？』的行為，就是問題。**」說完這句話，她的頭痛毛病就消失了。

她沒有任何問題，唯一的問題就是她一直「自我催眠」，認為自己「哪裡有問題」。持續懷疑現狀的心態，才是導致現狀惡化的原因。這個故事我只在演講時說過一次，但聽眾反應超好。

魔鬼　哼！你憑什麼想跟我尬輸贏。

蜜郎　祢覺得哩？

魔鬼　誰知道！反正「正當」勢力正在世界蔓延。

他們都說：「世界可以更好！」

那就表示「現在不好」，而那便是在否定「現狀」。

不管是「吸引戀人的方法」、「成為有錢人的某某心理學」或「讓你變幸福的方法」都是。每一個的向量都反過來了，毫無遺漏地讓「不足」化為現實。

因為追尋幸福的人，才是最「不幸福」的人。想解除那樣的「自我催眠」，請改變祈禱的方式。

自我催眠：「我已經完成了。」

自我催眠：「我已經做到了。」

自我催眠我已經擁有夠多，不再需要任何東西。

這就是**魔鬼的自我催眠法**，是任何人都能夠馬上執行的方法，它不需要花錢，也不需要實際行動，只要自我催眠就可以。

自我催眠一切都已實現，讓向量朝著「充足」的方向前進。

「遲早」永遠不會到來

蜜郎　**那個「對充足事物的自我催眠」，換句話說就是「感謝」吧？**

只要說句「謝謝」，就能夠從不足的方向，自我催眠轉往充足的方向。

從「希望右膝健康」，變成**「不過左膝一直很健康，謝謝」**；

從「我想要得到更多」，變成**「我已經擁有很多，謝謝」**；

我有床可躺！
我有休假！
我有朋友！
路旁開著美麗的花朵！
我有腳可以走路！
今天也有空氣可以呼吸！
我有飯可以吃！
我有家人！
我有工作！
我有愛發飆的上司！
我有喜歡的人！
我有時間可以傷心！

魔鬼　從「還沒完成」，變成**「已經完成，謝謝」**。
沒錯，只要那樣自我催眠，一切就會在瞬間改變，因為世界上的一切都是由「自我催眠的力量」創造。
天空是藍的？沒那回事，那只是你的自我催眠。
我不幸福？沒那回事，那只是你的自我催眠。
你要知道，「一切都已經完成」，別再自我催眠「還沒完成」。
如果覺得困難，從「正要完成」開始也可以。一步一步地自我催眠「正要完成」。
總之，這個自我催眠法很簡單，只需要從相信「已經有了」開始即可，
唯一的方法，就是知道「世界」的一切，其實早已如「㊙我」所願。
第一次見面那天，我就跟你說，有一個方法可以讓世界上的一切都如你所願，方法很簡單，**就是意識到世界上的一切早已如你所願**。
剛好，看看你的兒子就知道了。

蜜郎　蛤？

「蜜郎將注意力往下移，發現黑糖的朋友正在拉自己的褲子。」

大河　黑糖把拔，我跟你說喔，黑糖很搞笑耶！我們要畫的明明是「想從事的職業」，只有黑糖畫了現在的自己，他畫自己在小學體育館踢足球的樣子，很好笑吧？

「當天放學後，蜜郎來到比教室還悶熱的體育館接黑糖。接到剛踢完球的黑糖後，蜜郎發動車子。」

蜜郎　你今天踢了幾分啊？

黑糖　我踢了三分喔！

蜜郎　今天的教學參觀啊，把拔覺得小椿畫得最好，她畫的花很漂亮。

黑糖　嗯……老師還有其他同學的媽媽，每一個大人都這樣講。小椿真的畫得很好。

蜜郎　不過黑糖的畫最真實。

黑糖　真實？什麼意思？

蜜郎　嗯，簡單來說，就是**大家都畫「想要實現夢想的人」，只有你畫「已經實現夢想的人」**。差別就在「未來」與「已經」的不同。大人都搞錯了「夢想」的定義。

黑糖　什麼定義？

蜜郎　就是**相信「夢想遲早會實現」，而這個宇宙的系統，是相信什麼就會實現什麼**。所以對那個人來說，「夢想」這種東西「遲早」會實現。

黑糖　那樣不是很好嗎？

蜜郎　「夢想遲早會實現」？那樣的人生哪裡有趣！**因為「遲早」永遠不會到來**。聽好了，如果有個人相信「夢想遲早會實現」，然後一天就這樣過去了，到了明天，他還是相信「夢想遲早會實現」。然後三個月又過去了，在三個月過去後，他還是相信「夢想遲早會實現」，經過十五年，他終於長大成人，但還是相信「夢想遲早會實現」，請問這樣到底哪裡有趣？

黑糖　那樣不管過多久，夢想還是不會實現！**他必須在某個時間點，自我催眠「夢想實現了」才行吧**？

蜜郎　你很聰明，就是那樣。如果夢想的定義是「遲早會實現」，就永遠也追不上夢想。如果沒意識到「夢想已經在我眼前實現」，便一點意義也沒有。**若是一味追尋，一輩子也無法體驗到那個「夢想」**。把拔在年輕時，曾經跟兩個朋友發明一種叫「人類套裝」的遊戲。

黑糖 人類套裝？那是什麼？

蜜郎 人類套裝被安置在世界各地，每天早上只要進入其中一個套裝裡，就能享受那個人「一天」的生活。穿上「有錢人套裝」，就能體驗有錢人的生活；穿上「名人套裝」，就能體驗名人的生活。

黑糖 聽起來好好玩喔。

蜜郎 然後我跟朋友就想，**該不會我們其實已經穿上這個「人類套裝」了**？

黑糖 雖然我們自己不知道，但會不會其實是有人透過「㊋」，來實現眼前的願望？

蜜郎 把拔，我問你一個問題，你不可以笑。

黑糖 放心，把拔不會笑，因為今天不會有比「小四生的勁爆狙擊手言論」更好笑的事。

蜜郎 其實我也覺得自己「已經做到了」。雖然老師問：「你想做什麼？」但我現在最想做的就是踢足球，而且我幾乎每天都在做這件事不是嗎？

黑糖 **我已經沒有比這個更想做的事**，所以我覺得我的夢想已經實現啦！

但老師卻要大家尋找「想要達成的夢想」，叫我們「再找找其他的」、「找更不一樣的」，但不管怎麼找，都不會有「想要達成的夢想」，**因為已經「達成的夢想」就在眼前**。

蜜郎 那不就好了嗎？你就保持原來的樣子，不需要受他人影響。

黑糖　把拔不會擔心嗎？這表示我沒有「想要成為什麼人」，沒有嚮往的職業，甚至也沒有「想要成為」大人。這樣也沒關係嗎？

蜜郎　沒關係，總比你被迫追尋永遠無法達成的夢想，然後在某個地方累垮好吧。你就算不成為大人，把拔也會一直養你，因為把拔也是到了三十歲才意識到這件事。人生真的很辛苦，**總是在追求「遲早」，但永遠也不可能追到**。黑糖，你就保持那樣就行了，不要去想「我想成為」什麼，也不要被迫去追求什麼夢想，只是……有一種職業，是把拔唯一希望你去努力……

黑糖　什麼職業？「想要達成」的夢想，不就無法實現了？

蜜郎　**狙擊手**。

我真的被大河那小子搞得坐立不安！差點就想送他一記拳頭了！搞什麼！明明他自己○○又△△的，乾脆把他××得不成人形算了！

黑糖，你去當狙擊手，跟他火拼一場！別射歪了，一槍解決他！

黑糖　把、把拔冷靜點啊！至、至少先握好方向盤嘛！把拔每次對我朋友生起氣來都那麼認真，害我都想保護他們了。

蜜郎　那看來只好把拔親自出馬了！

黑糖　拜託把拔還是別再來足球場接我，下次我會請馬麻來載我！握好方向盤！

每次蜜郎的手回到方向盤上，行進中的車子就會搖晃一下。行進目標是理論上永遠也不會，不過「遲早」會抵達的家。等到這股怒氣平息時，兩人「遲早會抵達」的自我催眠，肯定會轉變成「已經抵達」的自我催眠。

「已經到郵筒前」、「已經到行道樹前」、「已經到便利商店前」，從「遲早」轉變成「已經抵達」。

窗外流逝的風景推進著兩人的自我催眠。

媽媽的手作咖哩香飄進車內，就是兩人持續追尋「已完成」而非「未完成」事物的結果。

以往的教誨

遲早有一天要實現偉大的夢想。

邈斃了。
夢想什麼的，
早就已經實現了。

閣下的

讓世界出現自我催眠的證據

a way to blow away your anger

世界的一切都是自我催眠。你所看到的「現實」，也只是你如此自我催眠罷了。

所以如果你討厭那個現實，重新自我催眠就好了。

因為自我催眠「我還沒有……」的不足，所以才苦不堪言。

試著自我催眠「我已經擁有了」！

對了，我用魔界的力量來偷偷幫助這本書的讀者……

每天早上朝著北方念十遍：

「閣下，我已經完成〇〇了！巴拉傻*！」

我會在十三個小時以內，讓證據出現在你的人生裡。

POINT

「轉換自我催眠」的關鍵提示就是：

「早就已經完成」、「已經沒問題」、「本來就很幸福」、「本來就有」、「本來就是〇〇的個性」、「有充分的餘裕」……

請參考這些句子，努力自我催眠吧。

＊巴拉傻，快獸布斯卡開心時發出的聲音。

※ 作者注釋

根據量子力學，世上一切都是「觀測者」的自我催眠，也常常見到有人苦於對「自我形象」的自我催眠。

我有時也會想隱藏一些事。有一次，我寫書稿寫到演講都快開始了，我在演講前一小時心想:「哎呀，怎麼辦，我竟然寫到這個時間，看來我時間掌控得不太好。」

但當我正想這麼說時，我決定改口：「不，那也只是自我催眠而已。」

於是我決定將那個自我催眠，「重新自我催眠」一次。

簡而言之，就是改寫自我形象。

因為「看來我時間掌控得不太好」這種自我形象，只是自己擅自定義的自我催眠，所以我決定改口：「我應該是個善於掌控時間的人。」

這個世界真的很奇妙，雖然不是閣下教的咒語，但當我念了十遍「我是善於掌控時間的人」以後，真的開始發現自己「善於掌控時間」的證據。

明明直到前一刻，還有一大堆「我不善於掌控時間」的證據，但在演講開始前三十分鐘的休息室裡，我已經變成「善於掌控時間」的我。

第10章

讓運氣變差的好方法

沒有人能夠改善運氣

日文的「無我夢中」是「渾然忘我」之意，指的是當人一〇〇%專注於眼前事物時，「㊙」就會消失。

從馬拉松選手、專注於盆栽的園藝師到摺衣服的主婦，到處都可以看到無我夢中的人。

近年來，心理學家把這命名為「心流」。

因為是無「我」在「夢」中，所以就是「㊙」消失後，陷入夢境的狀態。

更正確來說，是「㊙」與「世界」的邊界線消失，完全變成夢境時的事。

沒有「㊙」也沒有「世界」，純粹只有行為發生、分裂感消失、我又回到什麼也不是時的狀態。

現在應該在我身旁的健二，叫了他好幾次都不回過頭來，這就是標準的無我夢中。

在這種時候，為了強制他回到「㊙」的狀態，只好送他一拳。

健二　痛死了，你幹麼！出去幹架啊！

蜜郎　你太專注了！我說我們該回去啦。要當職業玩家的先決條件就是知道「停手時機」。你打不中了啦，而且我也口袋空空了。

健二 唉，我上星期還買了「開運手環」，結果一點效果也沒有。

蜜郎 你真笨，這世上哪有什麼「開運方法」。

健二 雖然這個手環看起來是假的，但或許真的有方法可以開運，像是開運聚寶盆或開運術。

蜜郎 不是那個意思，我是說從原理上來說那並不可能。讓「運氣變好」的方法？怎麼有人會相信那種事，真是有夠笨的。我只要在書店看到「最強開運法」之類的書，都會笑到肚子抽筋。

健二 那是你的笑點太奇怪了吧？有什麼好笑的？

蜜郎 我問你，假如將來你的兒子每天讀書十二個小時。

健二 我又沒有要結婚，所以不會有兒子啦。

蜜郎 我是說「假如」，你別擔心這麼多好嗎？我可是最了解你為什麼結不了婚的人。

健二 假如你兒子每天讀書十二個小時考上東京大學，請問你能夠對抱著錄取通知落淚的兒子說「你運氣真好」嗎？

蜜郎 他應該會氣死吧？畢竟是我的兒子。他還會罵我：「我是靠**實力**考上的，你這死老頭！」

健二 就是那樣。

「運氣」與「實力」是完全相反的性質，兩者無法相容。一〇〇%靠「實力」考上的兒子，只用了〇%「運氣」。反觀像你這種「實力」大概只有三〇%，卻考上大學的傢伙，就使用了七〇%「運氣」。實力二〇%的人，運氣是八〇%。而實力〇%的人，運氣就是一〇〇%。總之，**「實力」以外的部分，都叫做「運氣」**。

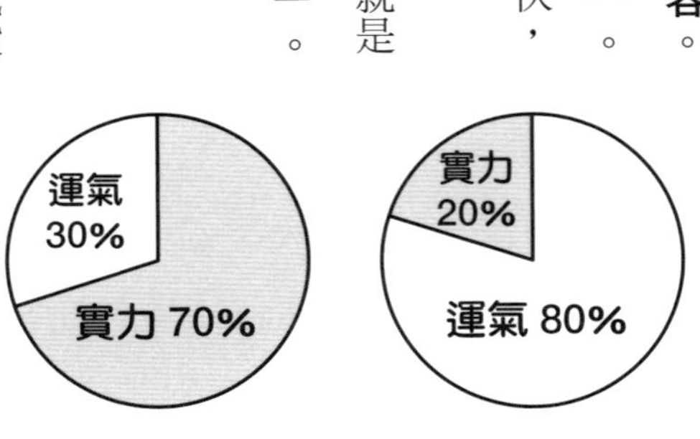

蜜郎 哇賽，「運氣」與「實力」原來是這種關係。

健二 那你說，實力又是什麼？

蜜郎 「實力」不就是自己的力量嗎？

健二 沒錯，就是靠「自力」去努力，而所謂「自力」，就是「我投入的行動」。這樣一講就很簡單啦，**「運氣」就是「我」並未投入的行動**，因為我一旦投入的話，那就會成為自力。

蜜郎 蛤？所以……根本就沒有什麼「改善運氣的方法」！因為**只要一說出「改善」，那就會變成自力！為了提升「運氣」的力量，就必須減少「自力」的力量。**

健二　所以從結論來說，根本**沒辦法讓「運氣」變強。如果「運氣」可以變強，那就不是「運氣」，而是我的「實力」**，嚇！

蜜郎　你看，老虎機的 BONUS TIME 來了！

哇賽，了解「運氣」的性質才知道，那些說「改善運氣的方法」的傢伙，真的是笨蛋！

「試圖改善運氣」，才會讓他們的運氣變差。**越努力改善運氣，運氣就會越差！**

健二　沒錯，所以我才會來玩吃角子老虎。如果是去圖書館，我就是靠「實力」來查資料吧？但來玩吃角子老虎就不必使用自力，光靠運氣就可以畢業囉！

蜜郎　什麼意思？

健二　你想想看剛才的力量圓餅圖。

萬一「㊙我」努力八〇％，「運氣」就是二〇％，

萬一「我」投入六〇％，就有四〇％是「運氣」，

那如果「我」投入三％，運氣就是九七％耶？

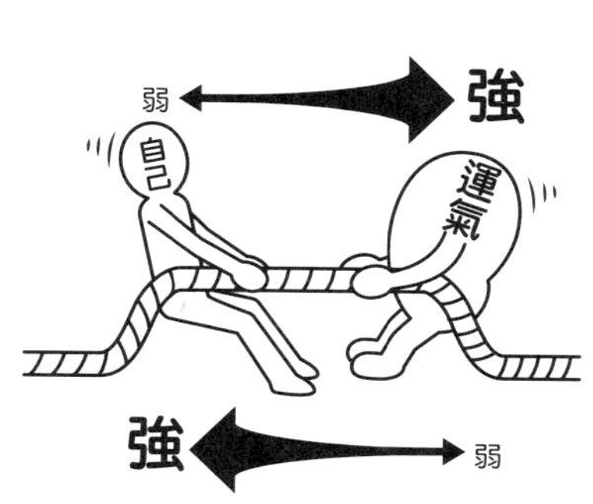

蜜郎　**如果連「我」都不投入，「運氣」就會越來越強啦**。

健二　你真是天才。我剛才打你那一拳，你可以回打我的肩膀。快啊，快打吧！

蜜郎　嚇啊！

健二　呃啊！喂，你怎麼可以用 Max＝一〇〇%的力氣打我！照你剛才那樣講，出拳時不是應該減少「自力」嗎！

蜜郎　你是笨蛋啊，**減少自力的行為也是「自力」**。

健二　喔？真的耶！**說「我要減少自力」也是自力**！那到底要怎麼做「運氣」才會變強？

蜜郎　為了讓「運氣」變強就必須減少自力，但減少自力的行為本身也是自力。那樣絕對不可能讓運氣變強嘛！

健二　這就是**親鸞的惡人正機說**[1]，上課不是學過嗎？

蜜郎　什麼？你有在聽課喔？在這廣大的世界裡，有在聽課的大學生只有你吧？

健二　在這廣大的宇宙裡，最偉大的神好像叫做阿彌陀佛（這是「惡人正機說」說的）。祂是神中之神、至尊神。

你覺得阿彌陀佛的願望會什麼？**提示是：「身為至尊才會有」的願望**。

蜜基百科

親鸞

日本鎌倉時代初期的僧侶。開創淨土真宗，主張阿彌陀佛會拯救眾生。提出「他力本願」[2]、「惡人正機」、「非僧非俗」[3]等教義。

宇宙至尊的願望

蜜郎　是不是「希望大家都幸福」？因為是至尊的願望。

健二　沒錯，就是希望宇宙眾生萬物的「願望」全部實現。據說那就是阿彌陀佛唯一的願望。好像叫做「阿彌陀佛的本願」，意思就是「最想實現的願望」。

1　惡人正機說，淨土真宗的教義之一，意指依賴他力之惡人正是阿彌陀佛所要救度的對象，並要我們自覺每個人都是對名利、愛欲力量薄弱的惡人，如此才會知道阿彌陀佛的願力及念佛法門的可貴，並產生絕對的信心。

蜜郎　阿彌陀佛的本願？

健二　好像因為祂是至尊神，所以有大概四十八個願望。親鸞看出了其中第十八個願望，就是「阿彌陀佛的本願」。

蜜郎　所以這就是日本人唱到拿手歌時說：「喔！十八番終於出來啦！」的典故嗎？我記得十八番的發音是「Ohako」？

健二　那個阿彌陀佛的第十八個願望「本願」，如果由我來翻得非常白話的話，祂說的應該是：

「我是阿彌陀佛，宇宙的至尊神。
我在創造宇宙的同時，也創造了天國。
我的設定是讓宇宙所有人都能去到那裡。
什麼？要怎樣做才能去到那裡？
我剛才就說你可以去了！
你有在聽嗎？宇宙的所有人都可以去天國，
只是你得打從心底相信我！
我可是這個宇宙的至尊神阿彌陀佛！
蛤？『萬一』不能去怎麼辦？

我不是就跟你說所有人都可以去了嗎！
好吧，如果你這麼不相信我，
就試著念十遍『我真心拜託祢帶我去，阿彌陀佛（＝南無阿彌陀佛）。』
只要這樣就ＯＫ了！雖然不念也ＯＫ，但如果你無法相信，就乖乖念吧！
蛤？如果照做了還是不能去怎麼辦？好吧，我知道了，如果有任何一個人無法去天國，我不開悟總可以吧！
我也想開悟想得要死，但如果無法讓你們都幸福，我寧願不開悟也沒關係！
啊，不然這樣好了！我就最後一個進天國吧！
我會看著我的宇宙中所有生命都進天國後，在最後的最後才進天國！
所以別管我了，你們先去！你們大家先開悟吧！」

蜜郎　蛤？雖然這番話處處讓人吃驚，但最讓人吃驚的是，**至尊神阿彌陀佛「還沒開悟」**？為什麼祂明明還沒開悟，卻比開悟的釋迦摩尼更高一級？

健二　我哪知道，總之阿彌陀佛最終極的願望「阿彌陀佛本願」，好像就是「希望所有生命

2 他力本願，亦即只要信仰阿彌陀佛之本願，就可藉著佛力得救，念佛往生淨土。
3 非僧非俗，親鸞認為現實世界才是救濟的地方，信佛不需要出家持戒，僧侶也可以娶妻吃肉。

都醒悟到永遠的幸福」。

喔！進入 BONUS 機率變動模式了！

「這時，店員輕輕拍了拍蜜郎的肩膀。

專注在對話中的蜜郎嚇了一跳，一時之間還以為是阿彌陀佛來了，結果店員只是要告訴他，不使用機台的話不要占位。

身上代幣都用光的蜜郎，只好移動到休息室。」

真正做壞事的都是好人

魔鬼　**因為連好人都能去天國，壞人自然沒有道理去不了天國**。這就是親鸞的惡人正機說。

蜜郎　蛤？祢說反了吧？應該是因為連壞人都能去天國，好人當然能去天國才對吧？

魔鬼　錯，阿彌陀佛是從「壞人」開始救濟。**先拯救壞人**。

雖然祂可以救完壞人就撒手不管，但因為祂曾發誓「要拯救宇宙眾生」，所以沒辦法‧‧‧

只好繼續拯救「好人」。這就是阿彌陀佛的思想。

蜜郎　這是什麼意思！為什麼壞人反而可以先去天國？那我做這麼多「善事」是做心酸的嗎。

魔鬼　就是那樣。**每個「好人」都打算靠自力去天國，**「想方設法」、「做好事」來取得前往天國的通行證。**但那種行為就等於是在懷疑至尊說的「我會帶所有人去天國」！**

可是至尊明明發誓不管你「做什麼」或「不做什麼」，只要身在這個宇宙，就會帶你去天國。**就是因為你「不相信」祂的話，才打算使用自力。**

不要使用自力，就那樣隨波逐流。宇宙當中已經有「阿彌陀佛的本願力」在流動，只要放鬆地跟隨那股力量，任何人都有可能實現任何願望。

蜜郎　原來如此，「自力」就是抵抗那個流的力量，也就是**不相信流（本願力）的行為。**

背棄那個的力量就是「自力」。

天國
漂來
漂去
求求祢！
想辦法（靠自力）做些什麼吧！

難怪經常有人說「他力本願」，我本來還以為那是不好的話，就像叫人「不要依賴別人！」一樣，結果並不是這樣。

魔鬼　那句話反而是要你捨棄「自力」，相信他力本願那一邊的力量。因為**「他力本願」是宇宙最強的力量**，它是這個宇宙最上面、最上面的至尊神的力量，是宇宙最強的力量。哪像你的力量，根本就比跳蚤還微不足道。在那股力量中，不管你再怎麼咆哮哭鬧：「我就拒絕上天國，偏要下地獄給你看！」也是白費力氣。**有一股更更強大的力量，早在一百四十七億年前就決定你會去天國了**。死心吧。

蜜郎　原來「好人」就是指靠自力努力的人。

魔鬼　就是相信「自力」這個幻覺的人，所以又稱「自力行善之人」。反之，**「壞人」就是承認自己力量有極限，委身於阿彌陀佛本願力的人**。你稍微想像一下，咬牙切齒的是英雄還是壞蛋？

蜜郎　真的耶，咬牙切齒的都是英雄，壞人都一派輕鬆地躺在沙灘椅上。

魔鬼　**「好人」就是相信自力的人，「壞人」就是看透這世上根本沒有自力的人**。當然，兩種人都可以去天國就是了。

蜜郎　但如果到頭來大家都能去天國，**不就每個人都會做壞事了嗎！**反正不管偷竊或搶

魔鬼 劫，只要念十遍「南無阿彌陀佛」就好了。

過去的日本就是那樣。親鸞的教義廣為流傳後，平民百姓都誤以為「我也能做壞事！」

結果引起各種亂象。**這種現象就稱作「本願誇」**。

蜜郎 當然會那樣。不應該打包票說每個人都可以去天國吧！

魔鬼 因為大家不了解教義才會那樣，「那我也來做壞事」一樣是自力。這些人說起來也都算是「好人」，因為他們不相信阿彌陀佛。

蜜郎 喔喔，我明白了。

魔鬼 **那就等於在說：「雖然我做了壞事，但只要有念南無阿彌陀佛（自力），就會被拯救！」**也就是說，到頭來他們還是不相信阿彌陀佛會「拯救每一個人」。

不只是這樣，由於這些人心裡想的是：

「我做了壞事，內心很愧疚」（＝也許去不了天國），

「但我有靠自力念佛，所以沒問題」（＝滿足了去天國的條件），

等於雙重背叛阿彌陀佛。

蜜郎 蛤？為什麼是雙重？

魔鬼 首先，第一重，「我做了壞事，內心很愧疚」，就是認為這個宇宙中有「邪惡」的行為，所以做了壞事的人「不能去天國」。

從相信「有邪惡」的那一刻起，就是背叛了阿彌陀佛，因為那就是在主張「有不能去天國的行為」。

接下來，第二重，認為**自己雖然有可能「下地獄」，但應該可以靠自力（念佛）來修正**，這就是在懷疑他力本願。

蜜郎 原來如此，的確是雙重不信任。「好人也可以去天國」原來是這個意思。**總之就是不要使用「自力」，只要放輕鬆就好的意思吧**？好！從今天開始，我要成為他力！

魔鬼 告訴你一個不幸的消息，**「成為他力！」也是一種自力**。

蜜郎 呃，還真的哩！那到底要怎麼辦才好？啊，我知道了。從今天起，我要放棄自力！

魔鬼 **「放棄自力！」也是自力**。

蜜郎 蛤？你要我啊？那樣不管怎麼做都無法成為「他力」不是嗎？「成為他力！」是自力，「放棄自力！」也是自力，哪有這麼蠢的事。說起來**「試圖成為」的力量本來就是「自力」，所以根本沒有人能夠成為「他力」**。這樣下去全人類都要下地獄了吧！那個唧唧歪歪的阿彌陀佛，根本就不是什麼全宇宙第一的神，而是全宇宙最壞的魔鬼。

魔鬼 只要「意識到」就好，**只要意識到「我」沒辦法控制世界上的任何東西，從一開始就沒有什麼「自力」**就好。

蜜郎 從一開始「自力」就是種幻覺？

操控你的並不是「你」

魔鬼 在你進入這家小鋼珠店前，有個老太太在十字路口提著一大包行李要過馬路，你當時「扶老太太過馬路了」對吧？

不做善事的話，就不能去天國！
＝自力
只要念佛就能去天國！
＝自力
雖然做了壞事，但還是能去天國！
＝自力
「不做的話」、「雖然」和「只要」都隱含著「去天國有條件」的懷疑之意！

蜜郎　是啊，但我可不是為了取得天國通行證才那樣做，是因為她真的有困難，我才採取那樣的行動。

魔鬼　從頭到尾發生了三個行為：

①「提行李」，

②「牽起右手」，

③「趁綠燈時快步橫越斑馬線」。

請問是誰引起這三個行為？

蜜郎　就說是我啦。

魔鬼　那我問你，如果老太太沒有站在十字路口，會發生②「牽起右手」的現象嗎？

蜜郎　發生的話就太恐怖了。我如果旁邊明明沒人還伸手牽著什麼走路……那根本就是恐怖片。

魔鬼　那麼就不是你引起那個「行為」，**因為不是你在十字路口準備好一個老太太，還有，教你「應該對老太太溫柔一點」的人也不是你**。那不是靠自力引起的行為，只是發生了而已。

蜜郎　對吼，如果老太太沒站在十字路口，就不會發生②「牽起右手」的現象。也就是說，那不是我引起的行為。
如果我在國小學到的是「應該對老太太兇一點」，那麼就算有老太太在那，我也不會有後續舉動。
我本來以為是「㊙」引起了「牽起右手」的現象，但我錯了！那是順著世界的流自己發生的現象！

魔鬼　再說，如果那位老太太沒帶行李，會發生①「提行李」的現象嗎？

蜜郎　所以我就說，明明沒有行李卻「死命握住手」，一定超恐怖。

魔鬼　**因此也不是你決定「握住手」，而是自己發生的。**
教你「讓關節向上活動就能提起行李」的人也不是你，但你卻主張那是自力，說：「抬起手臂的是我。」還有，為什麼是用右手握？

蜜郎　啊，真的耶，我根本沒有決定：「用右手提行李！」

魔鬼　沒錯，好好看清楚，**其實你對那個行為根本沒做過任何決定**，甚至連「左手」或「右手」都沒決定過。你只是自動地伸出右手，自動地打開手指關節抓住包包。那些動作沒有一個與你有關。

蜜郎　啊——嚇死人了！這根本是恐怖片！我以前怎麼會覺得都是「我自己做的」？根本就

像電影一樣，一切都自己發生。

魔鬼 最後，如果世界上沒有「紅綠燈」，會發生③「趁綠燈時快步橫越斑馬線」的現象嗎？

蜜郎 不會，不會發生！如果我在沒有「紅綠燈」的地方，一發現時間快超過三小時三十六分鐘（男子五十公里競走的亞洲紀錄）就開始快步行走，那我不就是競走選手了嗎！就是因為有紅綠燈，我才會「快步行走」。

魔鬼 製造紅綠燈的人不是你。**換句話說，引起「快步行走」現象的人不是「我」，**一切早從一開始就注定好了。

蜜郎 哇，真的是恐怖片！**這部電影的主角「我」，從頭到尾都自動採取各種行為。**

魔鬼

這就是阿彌陀佛的本願力。一切的發展都早已注定好。看似由「㊢」所引起，實際上只是全部的流在發生。

「㊢」只是目擊者。

其實對於「世界」一切，「㊢」從未干預過任何事。

只是把「世界」發生的現象中，自我催眠說「這是我所引起」的部分，稱作「自力」。一切的自力都是幻覺。

凡是意識到這個世界根本沒有「自力」的人，都可以去天國（任何願望皆可實現的境界）。這就是阿彌陀佛的本願。

> 竟然沒有任何行動是由「㊢」的意志所引起……
> 蜜郎失魂落魄地邁開步伐，眼裡看到的不再是「自己正在邁步向前」，
> 反而像是世界正從另一端朝自己靠近。
> 就像船出港時，陸地朝著另一端遠去一樣。

從自力轉移到他力

健二　蜜郎，我中了超級大獎，分一點代幣給你！來坐我旁邊吧。

蜜郎　哇喔，你中了超級大獎！祕訣是什麼？

健二　「好運術」。

蜜郎　蛤？你不是說沒有「開運方法」？

健二　有啊，**只要意識到「沒有『自力』」，世上的一切就都是「幸運」**。

蜜郎　竟然輕輕鬆鬆就總結出我學了三十分鐘的東西……原來你早就開悟了？

健二　開悟？那是啥？**世界上不存在「自力」，有在玩老虎機的人都知道**。

蜜郎　有嗎？我就不知道。

健二　我跟你說，吃角子老虎這種東西，在你拉霸的瞬間就已成定局。因為「中獎」還是「沒中」，會在拉霸的瞬間由機器來抽選，你會去「天國」還是「地獄」，在拉霸的瞬間就決定了。

蜜郎　那種事情我也知道啦。每一次拉下拉霸桿時，電腦就會決定你是「中獎」還是「沒中」，所以我們才會說：
「如果我再晚〇．〇一秒拉桿，說不定就會中獎！」
「如果我剛好在三點三十二分拉桿，說不定就會中獎了！」
「如果我跟旁邊的人同時拉霸，說不定就會因為店裡電流變弱而中獎！」
每次都為了這種蠢事大聲嚷嚷不是嗎？

健二　沒錯，**因為僅只是〇．〇〇〇〇〇〇一秒的差異，就會改變電腦的抽籤結果**。所以我們也有一段時間非常「迷信」，相信「今天是右腳先踏進店裡，肯定會中獎」。
那應該是因為就連「右腳先踏進店裡」與「左腳先踏進店裡」的些微差異，都能影響拉桿時間？

蜜郎　嗯，確實，像阿誠就相信「在廁所洗三次手會中獎」。
事實上，在廁所「洗兩次手」或「洗三次手」，的確會影響拉桿時間，自然電腦抽籤結果也不一樣。

健二　沒錯，重點就在這裡，因為這是一個短短〇．〇〇〇〇〇〇一秒的差異，就會決定「中獎」還是「沒中」的世界，所以**早已超越自己可以控制的範圍**。

蜜郎　喔，原來！原來是這麼回事！我從來沒用這種角度看吃角子老虎，你太厲害了！的確，**不管「自力」再怎麼卯足全勁，也不可能創造出這○．○○○○○○○一秒的差異**。所以要把控制權交給「(我)」以外的部分，說：「拜託了。」**明白光靠我的力量「什麼也做不到」**。

健二　這就是賭博的優點。

蜜郎　賭博還有優點？

健二　至少我是這樣想的。多虧我玩了吃角子老虎才知道，就是這些**自己無法控制的「微小差異」累積下來，創造出了世界**。一切都是賭博的功勞。**因為「光靠自己根本就無能為力」，所以賭博真的很了不起吧**？

蜜郎　嗯，也是。**所有「拉桿瞬間」前的動作，都會影響到結果**。比方說，如果我早上在家拉的那坨屎再乾淨俐落一點，或許就能早十二秒左右拉桿。

健二　沒錯沒錯。或是說昨天晚餐吃的咖哩飯，

↓「如果沒有加點煎餃」，

↓「消化不良沒那麼嚴重」，

↓「大便也會一下就出來」，

↓「大概就會早十二秒拉桿……」

蜜郎

這是一個「我」根本無法控制的世界。

你想想看，我們能採取什麼行動來提早〇．一秒拉霸？光是「〇．〇〇〇〇〇〇〇一秒」的差異就能決定是「天國」還是「地獄」，所以絕對不可能去控制。

真的！**「我」無法干涉拉桿之前的行為。**

假如咖哩店的店員再早一分鐘完成煎餃，結果就會改變。

這樣我真的沒有任何方法可以控制結果，我們總不可能還去教店員怎樣才能快一點完成煎餃。

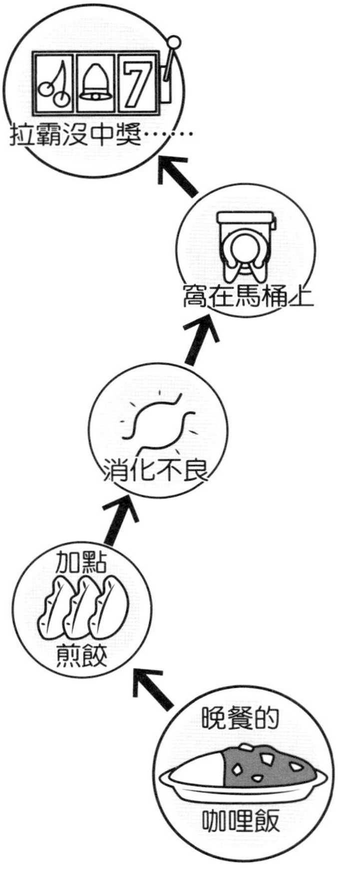

健二　沒錯，運氣只能任憑上天決定，**也就是「運氣」天注定吧**？因此，應該會注意到，原來「我」以為自己可以控制某些行動，但其實那都是自我催眠罷了。

蜜郎　說真的，還好我有來賭博，才發現這個世界根本不可能有「自力」存在。真的是超驚人的發現，真慶幸我們有玩吃角子老虎。

健二　接下來才是真正的奇蹟，**就是因為無法控制「世界」，所以才能夠感謝所有至今為止發生的事**。

感謝世界上的一切：

「噢，太好了，多謝店員做煎餃慢了一分鐘。」

「噢，太好了，多謝老媽十二年前在家門外教訓了我一頓。」

多虧所有至今為止發生過的事，我今天才能中「大獎」！地球上的各位，我愛你們！看，我又中獎了！

蜜郎　「所有拉桿瞬間之前發生的事都有影響」的道理我懂，但不是也有「沒中獎」的時候嗎？那樣不就會憎恨所有在那之前發生的事？責怪：「都是那個店員，如果他再早一分鐘完成煎餃就好！」

健二　**賭博厲害的地方就在於，即使「沒中」也會繼續玩到「中獎」為止**（笑）。

就算「沒中獎」，也絕對不會停手，而會繼續玩到「中獎」為止，所以隔天才會再次拉到「大獎」。

這樣一來，所有在那之前的行動都是必須的，因此最後還是會感謝昨天沒中獎。甚至連討厭的事情都會心存感謝。畢竟就是因為昨天沒中獎，才會創造今天中大獎的結果！

昨日的悲傷造就我們今日的笑容！掰囉！

蜜郎　你要去哪？

健二　喔，我又拉中「大獎」啦。

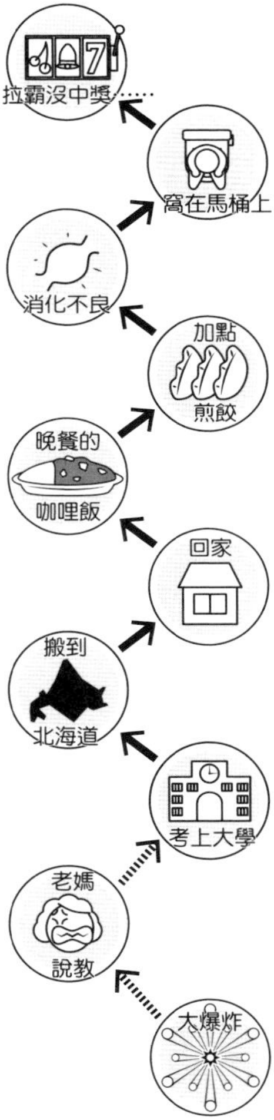

「代幣很快就見底的蜜郎，決定回車上等一起開車來的健二回家。在降下豪雪的這一天，入夜後的札幌更顯美麗動人。連「哪裡」開始是道路的邊界線都已消失不見。望著融合成「一體」的雪景，蜜郎突然覺得自己當初堅稱「自力」與「他力」的邊界線，說「從這裡到這裡是我引起的」，未免太可愛。那是不可能的事情。因為就連一片雪花，都不在我的控制範圍。」

魔鬼　那傢伙是個「壞人」。

蜜郎　別說我兄弟的壞話。

魔鬼　我是在稱讚他，他沒有被「正當性」汙染。

他早已看出「世界」不能被「我」控制，完全隨波逐流，放棄掙扎。

若按照惡人正機說，他就是會最先被拯救的「惡人」。

蜜郎　所以阿彌陀佛會來找健二？

魔鬼　不，沒有神會「來救人」，**只有當自己意識到「早從一開始就已經被拯救」**。

那就是切換到他力本願的瞬間。

在那一刻，那傢伙說的那種感動會竄過全身，**你會發現原來我不是宇宙當中微不**

足道的存在，而是我就是宇宙。

突然間，你會感激起以往發生過的一切，並明確知道是過去造就了現在的你。發生的一切都有必要性，遲一秒也不行，早一秒也不行，一切都發生在最完美的時間點。你會領悟到那個「流」的計算能力有多驚人，而變得能夠完全信賴未來將發生的一切。

蜜郎　雖然我聽不太懂，但反正只要「現在」幸福就好了吧？因為那樣就會感謝過去發生的一切。

魔鬼　沒錯，只要看清楚根本沒有「自力」，自然而然就會心生「感謝」。

以為自己靠「自力」活著的「好人」，其實一點也不懂得感謝。

試問相信「我靠自己力量生存」的人，又如何能夠感謝他人？因為認為那不是我的力量，才會感激吧？

隨著從「自力」轉移到「他力」時，感謝的次數也會越來越多，

隨著意識到自己並無力引起任何事情，嘴裡嘀咕「謝謝」的次數也會越來越多。

當醒悟到一切都是「他力」時，「自力」就會消滅，**從此進入對一切「絕對感謝的境地」**，對一切都想說「謝謝」。不只是對喜歡的人，連對討厭的人，甚至對「邪惡」也是。

所以你們要做的只有一件事，就是感謝「世界」的一切，就是那股力量讓你們一路走到今天。

蜜郎 沒想到竟然是魔鬼勸我要「感謝」。

魔鬼 說不定我其實是阿彌陀佛。咿——嘻嘻嘻。

蜜郎 呿，怎麼可能。

如果是靠自力完成，那就不是「運氣」了。

以往的教誨

靠自力努力開拓出幸運的人生！

閣下的

讓運氣變差的好方法

a way to blow away your anger

說來說去，如果真有一個方法能讓運氣變好，

那就是在嘴裡，嘀咕一聲「謝謝」而已。

「謝謝」是句切換意識的咒語，讓自己委身於自力以外的力量。

常說「謝謝」的人，完全沒有使用「自力」，也不相信自力，所以才會說「謝謝」。總之，「謝謝」的次數越多，越常切換到本願力。

重點是對「壞事」也要說「謝謝」。

如果只認同好事，只對好事說「謝謝」，就與以往沒有兩樣。連對自己「不希望發生的事」，也就是能超越「自力」（＝想把事情導往好方向的力量），對「壞事」說「謝謝」時，奇蹟就會發生。

如果能發自內心對壞事、不好的回憶、討厭的人、討厭的工作說「謝謝」，無法靠「自力」計算的未來就會越來越清晰。

對了，至於地點……

以你們人類世界來說，廁所很好。

在廁所對壞事、壞人（討厭的人）等自己認為不好的對象，多說幾次「謝謝」，再把它沖掉。相信在水流掉後，你會發現原來一切「不好」只不過是自我催眠。

第11章

你是宇宙的不求人

誰鑽進了人類套裝裡？

或許連人類的「欲望」都是地球寶貴的資源，因為那是渴望這世界一切的原動力。不多不少的錢誰希罕，要就要全世界的財富、物質、體驗、人心……將無遠弗屆的一切盡收囊中，而不是「一部分」而已。

我們將森林砍伐殆盡、將石油挖掘殆盡、將土地搶奪殆盡，結果「欲望」的對象，其實就是「世界」本身……

沒錯，因為那就是一切吧，想要「世界」的一切——通常那股力量會在「夜裡」蠢蠢欲動。

年輕人為了找尋一些什麼來填補「㊙我」的寂寞，而流連於霓虹街。

他們是三番兩次想捉住夜晚的失敗者，

他們是三番兩次想征服夜晚的敗逃者。

這個五光十色的夜晚，

這個撲朔迷離的夜晚，

令人愛得胸口欲裂。

這一天，為了將這個夜晚化為「㊙我」，他們再度來到街上，拖著疲憊的步伐開起檢討會。

蜜郎 我每次去薄野都很興奮，可是回來時又覺得「早知道就別去」，搭訕了一整晚都零收穫。要不要來寫論文？好不容易三人到齊。

健二 也是，我們先把查完資料後所知道的內容條列在筆記本上。

人類套裝論

- 每天早上都會有人鑽入我們體內醒來。
- 在早晨短暫的「渾沌時間」裡，會殘留一些到剛才為止的薄弱記憶。
- 也有人把那些不屬於「㊙我」的記憶稱為「夢」。
- 但誰也無法判別究竟是「㊙我」做了那個夢，還是夢中世界的某人，現在正要開始做「㊙我」這個夢。
- 總之，「㊙我」今天還是這樣開始了。
- 結果「世界」這個故事，在「㊙我」的眼前展開。
- 「世界」是鏡像世界，總是與「㊙我」以相反的形態啟動。
- 在「想要實現夢想」的人面前，啟動的是「被人渴望的夢想」；在「想要賓士車」的人面前，啟動的是「被人渴望的賓士車」。
- 所有人的夢想其實都已經在眼前實現。

・這個「穿上就能實現夢想」的人類套裝，被安置在全世界的各個角落。
・運作機制是只要有人穿上套裝，就能夠「體驗」那個人的人生。
・「㊣我」、「世界」和「體驗」絕對同時發生。
・這三者無法分割的關係又稱「三位一體」，自古以來廣泛傳誦於世界各地的神話或聖典。
・附帶一提，當三者合而為一時，卡德魯就會大叫：「海爾！塞拉西！」並開始跳舞。

以上，大概就是這樣？

問題是，到底是誰鑽進我的身體裡？簡單來說，躲在人類套裝裡的人究竟是誰？

蜜郎　是不是外星人之類的？只要穿上「人類」套裝，就可以享受地球這個虛擬遊樂世界。

卡德魯　那穿著外星人的又是誰？假如外星人存在，肯定也有「我」的認知。**換句話說，那個外星人一樣也是由某個人穿著**。穿著外星人套裝再穿上人類套裝，根本一點意義也沒有。

蜜郎　這樣啊……啊！說不定是未來人！我記得有個奇怪的人偶說過「未來的你正穿著現在的你」之類的話。

卡德魯 那樣不就是「未來的蜜郎」，而不是「過去的蜜郎」了嗎？

蜜郎 蛤？什麼意思？

健二 你是笨蛋啊！如果「未來的蜜郎」決定搭乘時光機，進入過去的蜜郎體內，那打算搭上時光機的傢伙又是誰？

蜜郎 不就是「未來的蜜郎」嗎？

健二 那他下了時光機，回到過去的時候？

蜜郎 啊不就是「未來的蜜郎」嗎？

健二 那他拉下人類套裝拉鍊的時候？

蜜郎 煩死了，還是「未來的蜜郎」吧！一隻腳伸進去時也是「未來的蜜郎」，拉上拉鍊時也是「未來的蜜郎」，按下人類套裝啟動鈕的也是「未來的蜜郎」，展開這個「過去的蜜郎」遊戲的，也是「未來的蜜郎」……咦？那不就只是「未來的蜜郎」嗎？

健二 所以我才說「不可能」啊。

卡德魯 **如果進入人類套裝裡的是特定的「什麼」，那就算「世界」這個故事開始，從頭到尾都還是「什麼」**。如果是蜜郎跑進健二的套裝裡，那說來說去還是假扮成健二的「蜜郎而已」。

蜜郎 **這樣說來，進入人類套裝裡的傢伙，就必須「什麼也不是」**。不是外星人、

卡德魯

不是未來人、不是地底人、不是別人、不是其他平行世界的居民、不是汪星人也不是喵星人、不是神也不是魔鬼，因為不能是「什麼」。

但真的有可能存在那種「什麼也不是」的傢伙嗎？

不可能，因為能夠確認的東西，全都是「什麼」。人類、石頭、外星人、溫度、神或能量都可以確認，所以才能被分類為「什麼」。

然而，必須是「無法確認的東西」才能進入人類套裝，否則不是很奇怪嗎？那什麼是「無法確認的東西」？

蜜郎

是全體……**那就是「全體」**！

你們聽我說，「可以確認的人事物」或「特定的人事物」都是被截取下來的「一部分」，因為「部分」以外還有其他人，**所以它才能夠被確認**。

然而，如果是「全體」或「全部」，就沒有人能夠確認、指明，因為「全部」不可能去確認全部本身！

這個我們在碎形（fractal）理論[1]當中也學過

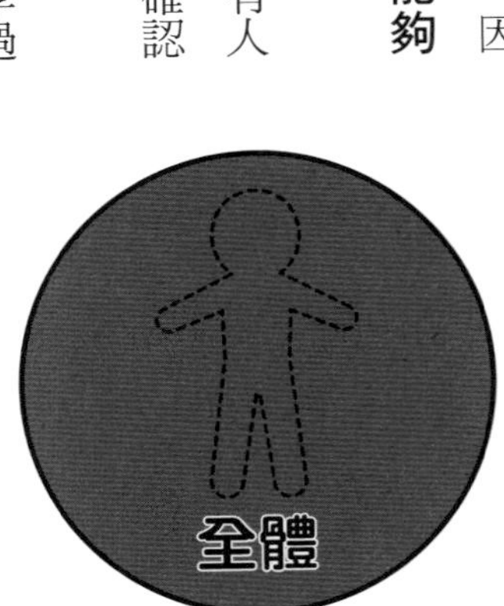

由於確認者也同化其中，
因此無法確認。

健二 不是嗎？

的確，只有「全體」是「無法確認的東西」。

那麼進入人類套裝的就是「奇異點」囉？那個在大爆炸前，全宇宙所有質量集中在一起的點？

卡德魯 就是那個！永田教授不是有說過嗎！說什麼「合為一體」，就是那傢伙跑進去了！

健二 可是那傢伙跑進「卡德魯」裡面時，又是誰在「蜜郎」裡面？

卡德魯 那傢伙啊。

健二 不覺得奇怪嗎？怎麼可能同時跑進去「蜜郎」與「卡德魯」？

卡德魯 **不奇怪，反而沒有同時跑進去才奇怪**。那傢伙沒有同時跑進「蜜郎」、「卡德魯」和「健二」裡面才奇怪，因為那傢伙可是「全體」。

全體就是包含一切的存在，如果有「不包含在內的東西」，就不能稱作「全體」。

既然是全體，現在這個當下就應該同時包含所有「部分」，不只是「蜜郎人類套裝」、「卡德魯人類套裝」、「健二人類套裝」，那傢伙如果沒有同時穿著全世界所有的人類套裝才奇怪。

1 碎形理論，指看似不規則的事物，但其整體及局部遵守共同規律，如將觀察中的物件取部分放大，其形狀與整體相同。

健二　因為是「全體」，才會同時穿著所有的一切。真的耶。太強了，現在這個當下，不僅是全部的「部分」，同時也是「全體」。

那傢伙既是「全體」也是「部分」，感覺好酷。

不是We，而是I & I

蜜郎　等一下……這麼說來，卡德魯……**難道你就是我嗎**？

卡德魯　**不只是我而已，全部都是你。你是「不同的我」的集合體，**然後在那裡面有同樣的「一體」……

噢！這就是雷鬼說的I & I！

健二　什麼？aye-aye[2]？你說猴子嗎？

卡德魯　**在雷鬼當中沒有「We」或「You」等字眼，那些部分都被唱成「I & I」**。所以「你」就是「不同的我」。

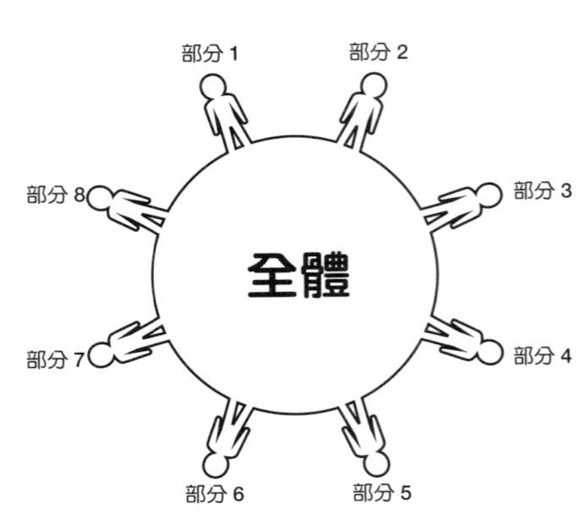

所有的「部分」都是「全體」的一部分！

「我們」就是「(我)與(我)與(我)……的集合體」，這就是「I & I」的意思。

我終於明白為什麼是「塞拉西一世」了。

蜜郎 我記得永田好像曾說過什麼。

卡德魯 「三位一體」的塞拉西是神，而那就是「I」的集合體嗎？

原來三要素全都是「I」。

海爾．塞拉西一世！原來如此，原來不是塞拉西，而是「塞拉西I」。

雖然看似分裂，但其實還是「一體」！

原來神當時還活著！

蜜郎 喂，健二……這傢伙終於瘋了，竟然說「神還活著」……他需不需要驗尿啊？

卡德魯 我才沒呼麻哩。光是靠思考實驗，我們就來到這個境地了！我們抵達「這裡」了。

原來神就是我們！

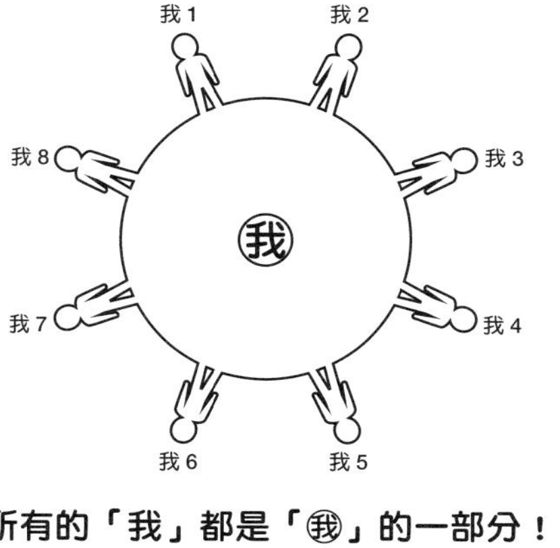

我1
我2
我3
我4
我5
我6
我7
我8
(我)

所有的「我」都是「(我)」的一部分！

2 aye-aye，馬達加斯加特產的指猴。

健二 喂，蜜郎……繼「神還活著」之後，他又說出了「我就是神」。錯不了，這就是他吸毒的證據。看他眼睛也失了神，跟在演唱會上瘋狂亂跳的巴布．馬利一樣。

卡德魯 就是那個！就是巴布．馬利！你們不是在校慶上表演過〈Jah Live〉（神活著！）那首歌嗎。那是海爾．塞拉西一世去世時，巴布．馬利寫的歌。

我一直以為他是因為不想承認特定的皇帝死了，才寫出「還活著」這種歌，但我錯了！巴布．馬利想講的不是特定皇帝的生死，而是**神「現在」正以我們的生命活著！**

既是「所有」，也是「唯一」；

既是「全體」，也是「部分」。

那就是巴布．馬利一直在唱的「One」的真相。

蜜郎 感覺好像越來越清楚了。

這個宇宙本來就只有太一的奇異點而已，所以是那個點化成不同形狀，出現在我們眼前。而它們並不是分裂狀態，而是在分裂狀態下的集合體，即為太一的「全體」。換句話說……健二，你就是「不同的我」嗎？

健二 不，我不是你。不管怎樣，反正我絕對不是你。拜託，其他人全都是你也無所謂，但求求你放過我。

前世、旁世與他人世

蜜郎 你們有聽過「前世」嗎？**那是因為沒有「過去的記憶」，所以才成立的「另一個自己」吧**？如果健二前世那個鄉巴佬帶著過去的記憶，轉世成現在的你，那就只是鄉巴佬第二章而已。

健二 不要擅自說我前世是鄉巴佬。我應該是詹姆士．史派羅三世之類的偉人才對。

蜜郎 鄉巴佬二世，你聽我說，如果我們有「前世」，應該也會有「來世」吧？就是**假**

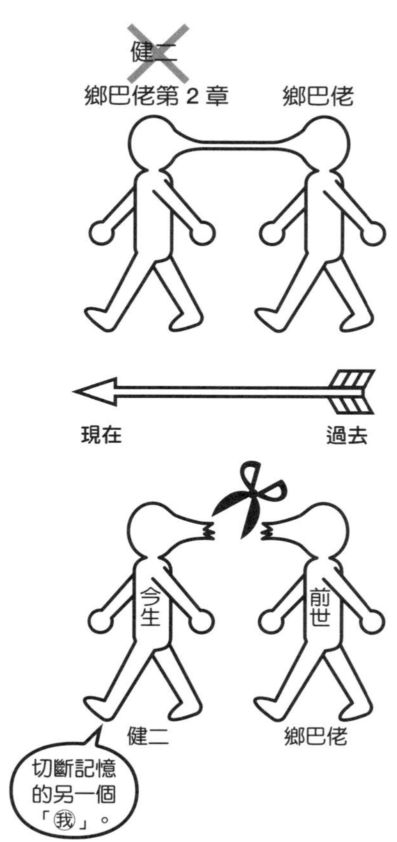

設我的靈魂在未來進入**「另一個我」**體內。

如果你帶著現在的記憶去到那裡，那也就只是鄉巴佬第三章的開始。

健二　原來如此，所以在進入「另一個我」時，必須要消除記憶？

蜜郎　沒錯。此外，如果真有「前世」或「來世」，**那有「旁世」或「他人世」也不奇怪**。

健二　真的耶！聽起來比前世或來世的可信度更高！因為過去已經過去，但「現在」卻還是以橫向擴展的空間連結著！

也就是說，現在有其他沒有記憶的「另一個我」，正在「旁」邊的橫向空間發生吧？**「旁世」和「他人世」的說法還真貼切**！

蜜郎　這是我的著作，不要隨便抄襲。

聽著，這是一個座標。而**「I＝㊢」就是 One 的座標**！

在北緯四十三度、東經一百四十一度、高度二十公尺處發生的 One 的名字，就是叫「蜜郎」的我。

如果稍微調整參數，變成你現在所在位置的數值，發生的就是名為「健二」的我。發生在北緯四十三度、東經一百四十一度、高度二十一公尺處的 One 就是健二。

那就是「他人世」。

在這個參數中，也有「時間」的項目。這樣一來，昨天的「㊢」與今天的「㊢」，只不過是數值不同的同一個One。
「昨天的我」是A.D.二〇〇三・十一・一〇的北緯四十三度、東經一百四十一度、高度二十公尺。

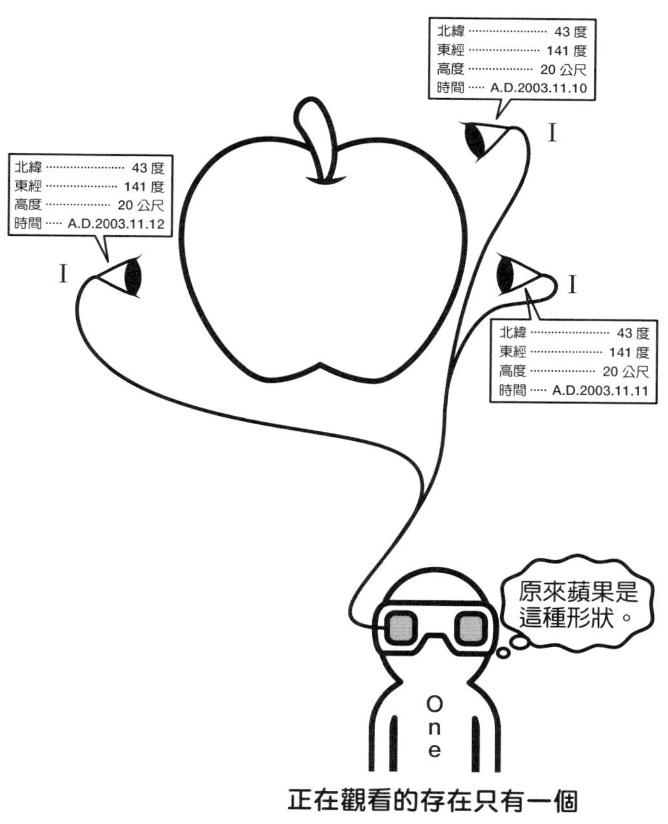

正在觀看的存在只有一個

「今天的我」是A.D.二〇〇三・十一・十一的北緯四十三度……這樣。

只要改變「縱軸」、「橫軸」、「高度」、「時間」這四個數值，就能說明宇宙所有角落不同的「㊙」。

這就是被放置在全世界的「人類套裝」。

你尚未體驗過的，只有「你」而已

卡德魯　說不定不只有人類，像狗、貓，我最近還聽說，好像連石頭都有腦子，因為是石「頭」。

蜜郎　現在是講無聊屁話的時候嗎？

卡德魯　反正宇宙的所有地方、所有時間，都安置著生命套裝，而穿著套裝的就是名為「全體」的神。**《聖經》上寫：「在開始之前，神已經完成所有經驗。」**總之，從過去到未來，所有的「㊙」都已經發生完了。

健二　未來也已經發生完了？

蜜郎　現在所有「瞬間」的底片都放在那裡喔。不僅是現在從宇宙所有地方看見的「瞬間」，連過去到未來的所有「瞬間」底片都同時放在那裡。**因為「全體」必須「現**

在」同時看著一切，否則就不能說是全體。

神現在正同時體驗著「昨天的我」、「後天的健二」還有「十年後的卡德魯」，換句話說……不會吧，神還沒體驗過的只有「現在這個蜜郎」，我是多麼神聖的存在！

卡德魯 沒錯。

健二 蛤？卡德魯，不是應該要吐槽剛才那句話嗎？這傢伙說「我是多麼神聖的存在」耶？

卡德魯 現在這個「卡德魯」正在看的「世界」，神聖得難以言喻……

健二 蛤？你們是怎麼了，到底哪個比較神聖？

卡德魯 神現在正同時體驗著一切。所以**眼前「世界」以外的一切，「現在」正由不同的我體驗著**。也就是說，神還沒體驗過的「瞬間」，只有現在在我眼前的風景而已。唯有眼前這獨一無二的風景，是神還沒看過的風景。

健二 如果神已經體驗完宇宙所有的「瞬間」底片，那眼前這風景不是也體驗過了嗎？所以那個體驗就是「現在」啊。「現在」就是神初次體驗眼前這個「世界」的瞬間吧？

卡德魯 神「現在」正同時體驗著所有人眼前的「世界」，因為其他的都已經由「不同的我」體驗過。

健二 **神在宇宙當中最想去的地方，就在所有人的眼前！**

「一切同時存在」聽起來有點複雜，但好像可以理解了。那我不就**已經體驗過除了我以外的一切**嗎！

「來世」、「前世」、「蜜郎」、「麥可・傑克森」、「一九八〇年的麥可・傑克森」、「四年後的珍娜・傑克森」、「後天的火星人」，這一切的一切，不只是這個宇宙而已，連過去的宇宙、未來，還有平行世界，所有的「我」，我都體驗過了。

我還沒體驗過的，只有眼前這個「瞬間」而已……喂喂喂，那眼前這個世界不就超級珍貴嗎！只有這個還沒看過耶！不過，我現在就在看了。不對，神還沒看過。不對，神就是我吧。感覺好複雜，但真是太帥了！

全宇宙只有「我」才能看到眼前這個風景。

蜜郎 **為了看到「這個」，神才會化身為「我」這個感知器官……**哇賽，雞皮疙瘩都起來了……

我知道自己的存在有多重要了，而且全世界的人眼前都在發生同樣的事，所有人眼前的風景都超級珍貴吧。

不僅是特定的「某個人」而已，全世界所有的「我」都是無與倫比的重要存在。

卡德魯　全部都是宇宙的三點分離。為了「體驗」**眼前這個唯一未體驗過的「瞬間」，全世界現在正發生「㊢」、「世界」與「體驗」的三點分離**。

喂，我們今天就別睡了，直接去向永田教授報告吧。

「三人興奮的情緒，不知是因為徹夜未闔眼，還是因為從縫隙中窺見一絲難以置信的真理。

名為「蜜郎」的「㊢」說：「我準備好電腦再去，你們先走吧。」於是另外兩個「㊢」便快步趕往校園。」

人類的能力全為他人而存在

蜜郎　閣下，祢這個騙子！祢在對吧，快給我出來！

魔鬼　我沒有騙你，那天的你是「未來的你」進入了身體。

蜜郎　只有「什麼也不是的傢伙」可以進入人類套裝！

魔鬼　**什麼也不是的傢伙，就等於是全部**。既是我，是別人，也是「未來的自己」。

蜜郎 因為是那樣的「全部」跑進你裡面，那當然也可以說是未來的你跑進去了，不是嗎？祢這是強詞奪理嘛。既然如此，那祢至少可以好心對我說：「今天早上進入你身體的是奧黛麗．赫本喔，開心了吧。」那樣我還醒得比較甘願。

魔鬼 你、你該不會……是個娘娘腔？

蜜郎 呸呸呸！我可是個「貨真價實的男子漢」！總之，我只是在表達一種「想變優雅」的心情，而奧黛麗就是那個象徵。

魔鬼 「優雅」是吧，那也是一種能力。喂，娘娘腔同學，我再告訴你一個人類的祕密。**人類其實是宇宙的不求人，宇宙為了抓自己的背，才將「人類」物質化為工具。**

蜜郎 人類是抓背用的「不求人」？又是這種沒有夢想的話。

魔鬼 假如全世界只剩下你一個人，要怎麼使用「能力」？

蜜郎 沒辦法使用吧，因為「能力」需要有「行使的人」與「被行使的對象」，**獨自一人並無法對人溫柔**。

魔鬼 沒錯，「溫柔」這種能力必須先有「被溫柔對待的人」與「溫柔待人的人」，才能夠行使。所有「能力」都是這樣，歌唱技巧、腕力或靈活的手指都是，獨自一人無法行使那些能力。

簡而言之，人類的「能力」全都是為他人而存在。

為了對從宇宙分裂出來的「不同的我」行使，宇宙賦予「這個我」的力量，就是「能力」。

蜜郎 原來如此，因為只有「一體」時什麼也做不到，所以才會變這樣。原來「我」發生的理由，就是「不求人」。

魔鬼 沒錯，「我」只不過是宇宙的不求人。

首先會是明確理解「宇宙起源機制」的人開始意識到：**「我」其實是為了「某個他人」而發生的存在體**。也就是醒悟到，我所被賦予的、比他人更優秀的「能力」，要使用在世界上。

意識到這一點的人，將會發揮令人嘆為觀止的能力，比如莫札特、夏目漱石、發明大王愛迪生，皆是如此，**他們都說「我」就是為了「別人」而存在的工具**。

蜜郎 但如果「能力」是為了「別人（不同的I）」存在的話，那麼「這個我＝I」又要如何生存？

魔鬼　鏡子的性質就是一切相反，**如果「你」為「世界」做些什麼，「世界」就會開始為「你」做些什麼**。

蜜郎　先主動付出，如此一來，你將會得到更多回饋。**先有付出，才有收穫**。

原來如此。那我問祢，既然鏡子會反射，如果我對眼前的「世界」全體，而非「世界」的部分付出，是不是就會有巨大的能量反射？

魔鬼　沒錯，那就是**這世上最強的力量：「對世界和平的祈願」**。

不是只為了「美國」、「俄羅斯」、「家人」或「敵人」等特定「部分」祈禱，

而是無論善惡，

無論喜惡，

無論好壞，

都要愛全部的一切。

這種「愛著全體」的祈願，會發揮出世界最強的力量。

「我」的願望
投射出的「世界」
「我」為「世界」做些什麼。
「世界」為「我」做些什麼。

一〇〇％擁抱眼前的「世界」吧！

不只擁抱「好日子」，也擁抱「壞日子」；

不只擁抱「喜歡的人」，也擁抱「討厭的人」。

保持一〇〇％愛著「㊢」眼前現實的姿態。換句話說，明白世上絕對沒有其他地方，比「現在」眼前的現實更完美，這就是真正的祈禱。

如果一個人能夠祈禱「世界和平」，他就能夠影響全世界。

德蕾莎使用了這種能力，耶穌基督、釋迦摩尼也使用了這種能力，**他們都為全世界的和平而祈禱，所以才會變成全世界祈禱的對象。**

蜜郎　天啊，沒想到鄧麗君（其英文名與德蕾莎修女相同）竟然會意識到那種能力。

魔鬼　是德蕾莎修女！

蜜郎　不過話說回來，我還真沒想到會有被魔鬼勸說要「祈禱世界和平」的一天。但整個架構我已經懂了！**先有付出，才有收穫嘛**。

從今天開始，我會盡量為了「世界」使用「㊢」的能力。因為我只是宇宙的不求人。

事實上，如果從宇宙這個老爺爺開始算起，孫輩的我就是排在第「三」的三位一體。

謝啦，天神大大！

魔鬼　我是魔鬼，不是天神。

為何會有既視感或預知夢？

「當蜜郎抵達研究室時，整份報告已經告一段落，他一邊拍著羽絨外套上的殘雪一邊開口詢問。」

蜜郎 結果他有說我們可以畢業嗎？

健二 他難得誇獎了我們，但他說一定要有人用電腦把這些打成文章才行，還說畢業論文可不能只有口頭報告。有沒有誰比較厲害啊？

蜜郎 真沒辦法，那就由我來打，反正我很擅長打字。

健二 今天太陽真是打西邊出來，不但被教授誇獎，蜜郎還說「由我來打」這種話，難道外面下雪了嗎？

永田教授 在北海道這個地方，下雪才「理所當然」。而宇宙這個有機體，總是在不斷追求「不理所當然的事情」中進化。

事實上，粒子物理學家麗莎・藍道爾（Lisa Randall），四年前才剛發表過你們的理論，名稱是「扭曲的額外維度」（warped extra dimension）。

蜜郎 話題怎麼突然轉到科幻了?

永田教授 在當今最頂尖的物理學家之間,一些比科幻還難以想像的概念,已經逐漸被視為「理所當然」的事。根據膜宇宙論的說法,有無數個我們所在的「這個三次元宇宙」,浮在更高次元的宇宙中。

蜜郎 什麼意思?

永田教授 簡單來說,就是像電影《駭客任務》那樣。有無限數量平行世界的「世界」,外面包著一層膜,浮在更高次元的宇宙中。作為所有的可能性,「世界」的存在無窮無盡。

蜜郎 這不就是我們的「人類套裝論」嗎!竟然被抄襲了!

卡德魯 人家要怎麼抄襲啊,他們比我們還早一年發表耶。

永田教授 不過那也是有可能的,**從未來抄襲就可以了**。

蜜郎 蛤?什麼意思?

永田教授 那個「膜世界」是一個宇宙,用你們的話來講就是「世界」,**而那個「世界」只有一種「粒子」可以飛到別的「世界」去,就是「重力子」(graviton)**,也就是媒介重力的基本粒子,唯有這個「重力子」可以脫離三次元宇宙膜。

蜜郎 可以與其他平行世界往來的「重力子」……

永田教授　在這個世界裡，只有一種東西不會受到重力影響，**那就是「心思」**。有人看過任何「心思」咚的一聲掉在路上嗎？像蘋果從樹上掉下來那樣。

健二　才沒有哩，如果路上掉著「心思」也太嚇人了。

永田教授　「心思」與「重」在日文當中的語源相同（日文發音皆為 o-mo-i），我認為這並非偶然。我們**有時候也會覺得某個人的「心思」很「沉重」吧**？

蜜郎　卡德魯跟玲子分手前，確實常說：「玲子的心思太沉重了。」雖然分手到現在，反而是卡德魯比較戀戀不捨。

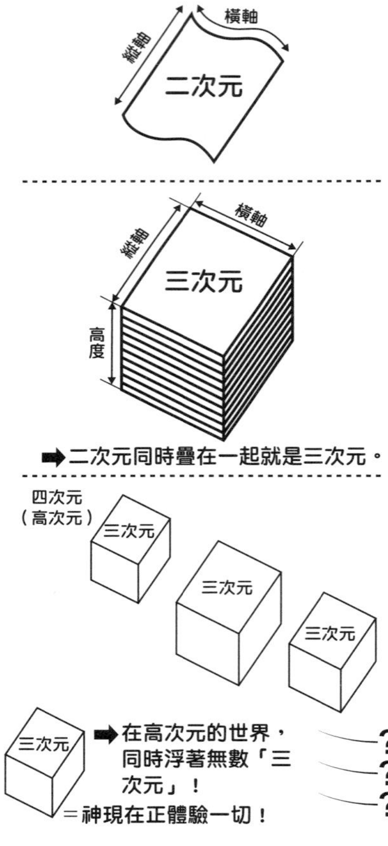

永田教授 依老師的個人淺見，或許**「心思」與「重」**只是用不同語言表達同樣的能量。**「心思」可能就是重力本身。換句話說，人類可以讓重力發生。**

只要一產生什麼念頭，這個「世界」與其他「世界」之間，就會開始以「相互引力」或「相互斥力」彼此干擾。如此一來，**所謂的「想像」或「幻想」，就會變成一種力學行為。**

一旦進行想像，就會與某個「世界」發生力量的干擾，開始互相吸引，那個「世界」的資訊也會以基本粒子的形式傳到這個「世界」來，這就是重力子。

蜜郎 這樣的話，現在不就可以跟「未來的世界」交流嗎！因為所有的「瞬間」都在現在這個宇宙當中無限並排。

那是**可以往來於「世界」與「世界」之間的基本粒子**吧？那樣不就可以與別的「世界」交流資訊嗎？

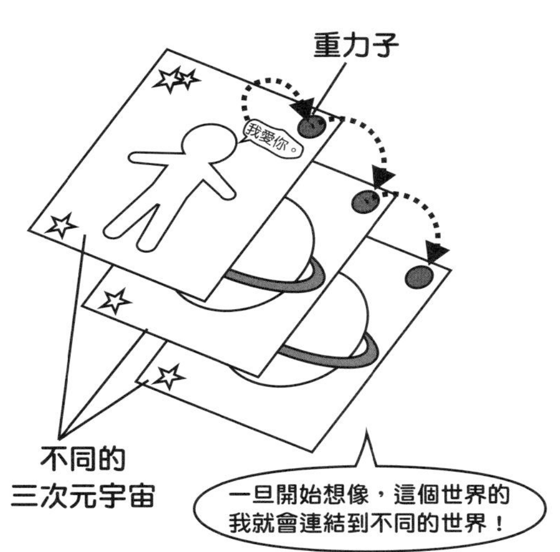
重力子
我愛你。
不同的三次元宇宙
一旦開始想像，這個世界的我就會連結到不同的世界！

重力子這種粒子太酷了，可以把心思傳達到別的「世界」去……我看我來寫首歌好了。

永田教授 會有智慧或靈感從別的膜世界過來，不過我們大部分是在夢裡看到它們。

卡德魯 是vision！預知夢！我在早上的渾沌時間，在「㊥」開始之前，經常夢見自己是別人。

永田教授 實際上這個世界與那個世界之間，有力量在互相干擾，所以才會有反應投射回來。搞不好，在你多次夢見的那個世界，有誰正在想著你，或是你經常想著那個世界的某個人。

蜜郎 又是玲子？卡德魯，你該死心了。教授，那像既視感也是一樣的道理嗎？是重力子造成、與其他「世界」之間的干擾痕跡？

永田教授 詳細情形我不清楚，不過那或許也是一種干擾痕跡。**應該是因為與其他「世界」之間有能量干擾，才會有什麼東西「浮現」的反應。**

健二 所謂念頭「浮現」這種說法，也是一個提示吧。**畢竟「浮現」有不受重力影響的意思。**在已經結束所有「體驗」的宇宙中，保管著所有「體驗」的資訊，而透過重力子存取並「使之浮現」的話，即使是其他世界的任何「可能性」，我們也都可以取得。也就是「浮現」的念頭，是乘著重力子從保管庫來到這裡。

蜜郎　那樣的念頭也太超自然了。

永田教授　**不可以任意劃定界線**。把放棄線之前的部分稱為「科學」，放棄線之後的部分稱為「超自然」，然後兩手一攤，這可不是個優秀科學家應有的態度。

事實上，日本偉大的物理學家南部陽一郎教授，隨時都在寢室裡準備著記事本，**因為在睡夢中會浮現「靈感」**，南部教授起床後，便立刻將靈感記在記事本裡。

除此之外，愛迪生也說過：**「『我』只是自然界的訊號接收器。我並不是靠自己的頭腦去發明，而是從宇宙這個浩瀚無垠的存在接收訊息後，紀錄下來而已。」**

愛迪生也相信降靈術等巫術，他從未在「超自然」與「科學」之間劃分界限。甚至他在晚年時，致力於發明「與靈界通訊的電信裝置 Spirit Phone」。

健二　他的行為跟蜜郎沒有兩樣，最近一次去卡拉OK時，蜜郎整個人喝茫了說：「我把魔鬼召喚出來了！」然後又說：「不過最後失敗就是了。」逗得大家笑哈哈，但那代表他真的有做，而不是在搞笑而已。

永田教授　總之，這個世界還充滿著人類無法理解的「未知能量」。你們不覺得，只要一想到可以「知道」那些事情，就興奮得不得了嗎？唯有對「知」的渴望，能夠照亮你們的人生。

人類是求知的生物。從問中學，邊學邊問。希望你們從今以後也能繼續鑽研「學問」。Respect！

三人已經超過三十六小時未闔眼。

蜜郎嘴巴上說「感覺走路都能走到睡著」，實際上對於回家路上的一切毫無記憶。走著走著，健二突然開口了。

「咦，那不是玲子嗎？」

面對無法回頭也無法繞道的「雪壁」，命運宣告四人將在三分鐘後無可避免地擦身而過。

三人的睡意就這樣被吹散在雪花紛飛的天空裡。

搔別人的癢吧。你就只是為了這個目的才被生下來。

以往的教誨

為了自己的未來，善用自己的才能。

閣下的

發揮強項的好方法

a way to blow away your anger

宇宙為了體驗一體狀態下無法體驗的事才分裂。

就像獨自一人無法行使「對人溫柔」的能力，因為行使的人是「㊙」，所以必須要有「某個」行使的對象才行。簡而言之，「㊙」所被賦予的能力，全都是為了他人才存在。

你是宇宙的不求人，

是用來搔別人，

也就是「另一個㊙」的工具。

既然已經知道自己存在的理由，就開始為別人使用你被賦予的「能力」吧。

如此一來，你的能力將會逐漸增強。

你必須毫無保留地為別人奉獻你擅長的領域及能力。

什麼都不知道的善勢力總是教人「為自己努力」，但這個觀念大錯特錯！

能力只有用在他人身上，

才會越來越強。

第12章

你一點錯也沒有

每個人都在做壞事

自然界無時無刻不美麗動人，
或許是因為它對於自己的面貌沒有任何期待，
樹木隨著風的方向，搖曳生姿，
雪花翩翩飛舞，不在乎未來方向。
那可能是一種充滿秩序的美，逐著巨大的「全體之流」而動。
在那順著巨流而沉積的美麗結晶上，有那麼一群醜陋的人類，即使逆流，也堅持要吵出「是非黑白」。

玲子　我就是在問你到底為什麼要劈腿！我那麼相信你！還有健二！都是你不好，你幹麼要找卡德魯去聯誼！你現在要怎麼負責！

健二　咦？這要怪我嗎？話不是這樣說吧，那個……你說是吧？

「健二說完，立刻用手肘撞一下旁邊的「另一個㊙」。
即使不用重力子傳達也知道，那是「幫幫我」的暗號。」

蜜郎 聽著，玲子。首先，卡德魯沒有任何錯，他反而是犧牲者，因為是健二約他去聯誼，但如果要怪罪在健二頭上，這話可能還說得太早……不好的是阿誠，本來應該是他要去的，誰叫他突然說：「我要打工。」所以是阿誠的錯，再說下去，阿誠打工那裡的櫻庭因為肚子痛而請假，所以櫻庭才是罪魁禍首。

玲子 你到底想說什麼！

蜜郎 反正卡德魯跟健二都沒有錯！都怪櫻庭請假沒去打工，害阿誠沒辦法去聯誼，所以主辦的健二情急之下，想說「那就沒辦法了」，只好約有女朋友的卡德魯去。所以錯的人是櫻庭！誰叫他要肚子痛呢！身為一個日本人，應該要隨身攜帶胃藥啊。妳說是吧，玲子。

玲子 蛤？

蜜郎 總之，卡德魯沒有任何錯，他只是犧牲者而已。被拖下水的健二也是犧牲者，被迫在雪中浪費唇舌說明的我也是犧牲者，而犯人就是妳。

玲子 夠了！卡德魯你來我房間說清楚！你們幾個給我閃邊去！

「如果是平常，能夠順利擺脫情侶爭風吃醋的修羅場，蜜郎理應感到高興才對。但今天不知為何，望著「另一個㊙我」被人拽著手臂消失在風雪中，」

內心卻有點疼痛。

「一定是因為睡眠不足的關係」蜜郎心想，殊不知有個不打算讓他睡覺的傢伙正在等他。

魔鬼 所以是「櫻庭」的錯嗎？

蜜郎 那當然，說來說去，如果那傢伙沒有肚子痛，卡德魯也不會劈腿。

魔鬼 人類總想把錯推給「別人」，為什麼？

蜜郎 不就是因為想主張「我沒有做壞事」嗎？想要表現給神看，這樣才可以去天國。

魔鬼 如果是這樣，告訴你一個好消息。**每個人都在做壞事，所以根本不需要做善事給誰看**。大家都差不多，沒有分別。

「活著」這件事，本來就會對別人造成麻煩。

聽著，假如有兩個衝浪手，一個看到對方從早到晚都待在海裡，不禁開口說：「真虧你忍得住不尿尿。」結果對方自己承認：「我都尿在海裡。」

聽到這個回答，第一個人生氣了。

「髒死了！你的尿會汙染到我們！要上就去廁所上！我每次都去那片沙灘上的廁所上！遵守一下規則好不好！」

這時對方說：「那裡的廁所只不過是經由地下水管排到這個海裡而已。」

你們人類都聲稱「自己沒有做壞事」，但這與事實有些出入，**你們只是沒有意識到「自己正在做壞事」**，**因為任何善行都理所當然地含有等量的惡**。

一切事物都有一體兩面，意思就是說，**無論任何行動，都含有完全等量的「善」與「惡」**。

然而，這整座城市卻充滿「善人」，拚命展現出眼睛看得到的「善」，為了修正那股扭曲的能量，我才會從地獄來到這裡。

世界的一切都是結果

蜜郎　但如果櫻庭有帶胃藥，卡德魯就不會劈腿吧？

魔鬼　那我問你，錯的是不是製藥公司在江別地區的業務負責人？他如果努力推銷，把胃藥順利賣給櫻庭，就能預防卡德魯劈腿啦？

蜜郎　那樣追究下去會沒完沒了。

魔鬼　這就是我想說的，**無論如何追根究底，都不會有「原因」**！

人類把「最初引發的因素」稱為「原因」，
但其實這個世界上根本沒有那種東西，
因為這世界的一切都是「結果」，當它
出現在世界的那一刻，就已經是「結果」。
即使找遍天涯海角，也絕對找不到「最初引
發」的「原因」。

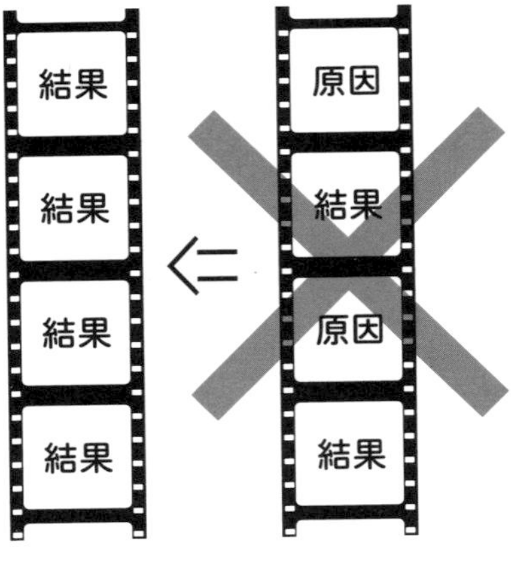

蜜郎 你的意思是每個人都沒有錯？

魔鬼 沒有人「錯」，也沒有人「對」，每個人都
好，也每個人都壞，
因為那種「判斷」本來就是幻覺，犯人的判定當然也是幻覺。

蜜郎 犯人的判定？

魔鬼 **所謂的犯人，其實就是妥協點吧**？
不管再怎麼追根究底，都不可能找到「最初引發的因素」，但你們卻一直在找「原因」。**因為在尋找不存在的東西，所以整個過程就是一連串的妥協**。
「到這就行了！」像這樣任意把自己妥協的點稱為「原因」，而最方便的妥協點似乎就是他人的「意志」，所以把「錯」都推到別人的意志上，怪男朋友會劈腿是因為「他

意志不堅」。

但這是不對的，因為不是他培養自己成「意志不堅」的人。還是……難道要怪他母親或他老師？

蜜郎 不好吧，如果前女友突然出現在小學班導面前，劈頭就說：**「卡德魯會劈腿都是你的錯，要是你當初更強烈灌輸他道德觀念……」**那根本超越恐怖片的範疇，太可怕了。

魔鬼 那接下來就會開始朝自己的方向尋找「原因」，覺得都是「我」不好吧？

「因為我不夠有魅力」、

「我該對他更溫柔」、

「如果那天有阻止他去就好」、

「早知道就不要選那個男人」，

這些往自己身上尋找的原因也全是幻覺。

舉例而言，如果是「因為我不夠有魅力」對方才劈腿，**但你的「魅力」是至今為止經歷過的環境所創造的東西**，不是你的力作，難道你要去拜訪小學六年暑假教你怎麼塗口紅的嬸嬸嗎？

蜜郎 **「嬸嬸……都怪妳的口紅講習會，才害我被男朋友甩，要是妳有教我怎麼塗**

魔鬼　**得更漂亮……」**如果真的出現這種女人，肯定是剛才那部恐怖片的續集吧？名叫《玲子二》。

如此一來，既然壞人不是「對方」也不是「自己」，那就得踏上向第三個方向尋找「原因」的旅程。

首當其衝的，就得怪「找他去聯誼的朋友」，「如果健二沒約卡德魯」，就不會發生那種事。但照你對玲子的敘述，他只是被牽連而已。

犯人的判定只是一個「妥協點」，追究起來沒完沒了。

健二下去是阿誠，阿誠下去是櫻庭，櫻庭下去是製藥公司的業務員……

如果要追究「是○○的錯」，永遠也追究不完。在這沒完沒了的串流中，根本不可能有「最初的因素」。再下去可是會繞完地球好幾圈，追究到宇宙的起源喔？

怎麼辦？難道要逮捕所有與這起事件有關的嫌疑犯嗎？光是地球就有七十億人牽連其中。

蜜郎　根本不可能逮捕全部的地球人，因為負責逮捕的人也是地球人。

魔鬼　這就是我一直在講的，**這個「世界」所有人都沒錯，也所有人都有錯**。

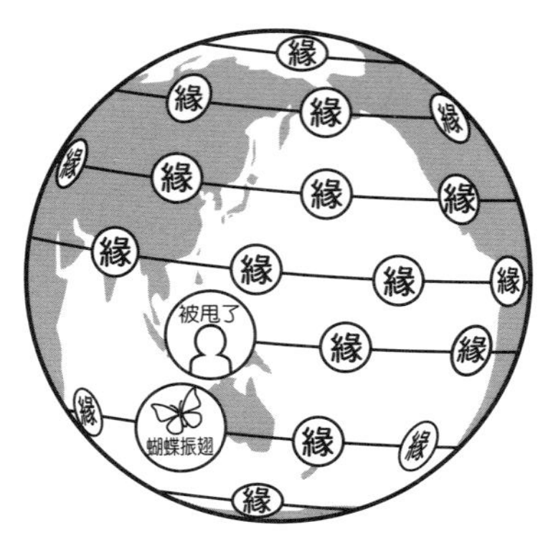

蜜郎　但總覺得一定在某個地方有特定的「原因」，而且很想把心裡這種「疙瘩」怪在「什麼」頭上。

魔鬼　**那就去找發洩能量的地方就好**，因為「正當性」害你的欲望被悶在心裡，不禁想把「錯」怪罪在某個人的頭上，好朝著那裡釋放能量。

這是恐怖的俄羅斯輪盤，停在哪裡都可以，管他是「你」、「我」還是「別人」，反正只要能停在「某個地方」，你們就可以集中砲火，全力朝著那裡釋放能量。

如果停下來的那個「妥協點」是別人，你們會不留餘地批判「對方」；如果是自己時，你們會用罪惡感持續責備「我」，直到沒命為止。

蜜郎　但全部的「犯人」都是幻覺。

只是用來發洩能量的俄羅斯輪盤……

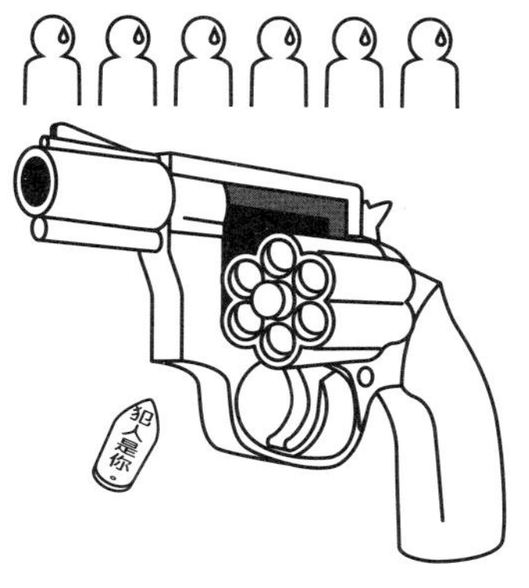

「正當性」創造出來的欲求不滿

魔鬼　**其實你們人類原本只有「微小的欲望」，**只有為了維持生命體所需要的基本欲望：

「想吃東西」、

「想喝東西」、

「想睡覺」、

「想走路」、

「想放鬆」等等。

然而，善勢力設計的「正當性」卻壓抑了這些欲望：

「現在不可以吃東西」、

「那個不能喝」、

「不可以去那裡」、

「功課做完前不能睡覺」。

一旦欲望受到壓抑，能量就會扭曲，形成「壓力」。

不過人體的DNA更優秀，知道如何釋放「壓力」到體外。

例如「心煩意亂」時，就會湧起「想動一動手腳」的行動欲望，**這是因為DNA清楚知道什麼動作或體位能夠釋放能量**。小嬰兒會揮舞手腳，因為他們知道只要動一動手腳，「心煩意亂」的能量就會從身體排出。成長一段時間，變成小學生後，會開始被迫學習不喜歡的科目，這時，孩子就會駝背，手撐著下巴，整個人無精打采。但這個姿勢也有意義，**因為那樣比較能讓「忍耐的能量」排到體外**。

然而，就連那種釋放的姿勢也會被「正當」勢力矯正說：「抬頭挺胸！」那種被迫抬頭挺胸的「姿勢」，是從宇宙吸收能量的形式，所以會與體內欲釋放出去的能量衝突。

於是，拜那些完全不懂能量原理的「正當」勢力所賜，才會創造出一些社會性的「犯罪」。

蜜郎 原來如此，因為一直用「正當性」去壓抑微小欲望，所以才會變成犯罪。但連犯下殘忍罪行的「凶惡犯」也是嗎？

魔鬼 **「凶惡」之類的概念其實只是幻想，**世上根本沒有

那種東西。

像小嬰兒會一邊大叫「啊——」一邊破壞積木，但如果那裡不是積木而是手槍的話，他就會被叫做「凶惡犯」。又好比小學生喜歡很多人，但長大成人以後，那種行為就會被叫做「外遇」。

準備「手槍」或「婚姻制度」的人都不是自己，但你們卻因為罪惡感而持續責備自己。

只要「自己」想著這些奇怪的事，內心就不禁產生罪惡感，事實上那只是每個人內心都有的「微小欲求」被點燃，再由社會創造出「凶惡犯」這種幻覺而已。

蜜郎　所以錯的是社會？

魔鬼　就跟你說沒有誰「錯」。**我的意思是，像你這樣老是想把錯怪在特定「什麼」之上，才是造成社會這麼奇怪的原因**。因為那是向外側世界要求「判斷標準」的狀態。老是要求：

「誰來幫我決定！」

「我會遵守『正當性』！」

明明外側的世界是幻覺，卻一直在那裡尋找非「黑」即「白」的正確解答。

要欺騙那種人很簡單，例如讓神說：「不可以用右邊鼻孔呼吸。」（當然是替神代言的神職人員負責傳達。）這時，你們全部人就會開始努力，「只用左邊的鼻孔呼吸。」

蜜郎 那種東西三兩下就會被拆穿了吧？有那樣的規定還比較奇怪哩。

魔鬼 放心，不會被拆穿，不管是順手牽羊、外遇、隨機槍擊或亂丟垃圾，你們不是都不會去懷疑「社會」所灌輸的「正當性」嗎？

你們不是從不懷疑貨幣制度、婚姻制度、手槍製造公司、石油公司的「正當性」，只會一味責備自己而已嗎？

貨幣制度

一張紙片就能買土地是什麼道理？「財產」這種東西明明是幻覺，你們卻全力相信蘋果為了持續主張「那是我的東西！」而發行的紙片。

婚姻制度

教會明明宣揚：「愛是世界上最美妙的事物。」婚姻制度卻限制：「但是不可以愛上很多人。」明明是「美妙的事物」，卻「只能愛上一個人」，這不是比有兩個鼻孔卻被禁止呼吸還要詭異？

隨機槍擊

對大眾宣導：「可能會有瘋子只因心情不好就隨便開槍掃射，所以為了安全起見，你也買一把手槍。」但這本末倒置了吧？就是因為在心情不好時有一把手槍，才會導致悲劇發生。如果那裡只有積木，根本沒人會死。

亂丟垃圾

松鼠會把胡桃殼丟在森林裡，海獺會把貝殼丟進海裡，只有人類會克服「好麻煩」的欲望，把垃圾袋帶回家裡，卻沒有人懷疑過塑膠的「正當性」，只懷疑自己的「好麻煩」。只要再過五年，就會有生物可分解塑膠這種可以回歸自然的材料，到時候就不會再有人因為亂丟垃圾而有罪惡感。

除此之外，還有諸多令人匪夷所思的事情，但正因為長年以來都沒人懷疑過一切的「正當性」，社會才會變得如此不對勁。

曾經有個黑人奴隸在筆記本中寫道：**「神啊，渴望『睡在床上』的我，是多麼罪孽深重的人。」**

他「想要睡在床上」，一點也不奇怪吧！

蜜郎

魔鬼　記住你現在的心情。三十年後，應該會有人以同樣的心情對我說：
「他想要愛多名異性，一點也不奇怪！」
「他想要隨手丟垃圾，一點也不奇怪！」
在這個奴隸制度已經失去「正當性」的時代，你們並無法理解當年那些人的心情。同理，「婚姻制度」或「貨幣制度」只不過是被視為「正當的」而已，你們卻壓抑「欲望」說道：「神啊，渴望『用左邊鼻孔呼吸』的我，是多麼罪孽深重的人。」

巴比倫就是你的心

蜜郎　所以真正不好的還是支配者？讓我們趁夜把學校的窗戶都砸破！反抗巴比倫！

魔鬼　**試圖打破規矩的人，反而會讓規矩更強化**。所謂「規矩是錯的！」不就是在主張「我的規矩才是正確的」嗎？**說來說去，還不都只是在揮舞「正當性」的大刀**。
這樣跟「善」勢力的作為又有什麼兩樣？
我一直要你拋掉所有的「正當性」，只要是「正當性」，管他什麼樣的大刀，一律丟掉！不然會感染到善勢力的黴菌！一旦接觸到「正當性」，立刻給我去洗手！
因為覺得是外側某某人的「錯」，才會想要堅稱自己的「正當性」。

蜜郎 那到底該怎麼辦才好？如果「支配者」、「世界」、「社會」、「自己」或「對方」，沒有任何人有錯，那祢說到底該怎麼辦才好？

魔鬼 **我一直跟你說，不要向外尋求「該怎麼辦才好？」的答案！**

你這可是在對永遠呈鏡像關係的「世界」說：

「該怎麼辦才好？」

「告訴我答案！」

「誰來幫我決定一下！」

所以你的願望才會實現，在社會上投射出：

「強迫你接受正確解答的人」、

「試圖讓你服從的人」、

和「支配你的人」。

「㊙」的願望
投射出的「世界」
鏡子
該怎麼辦才好？
快告訴我！
讓我來告訴你！
（讓我來支配你）

蜜郎　**巴比倫由你的心創造出來。**

真的耶，原來我這種「向外尋求答案的心」才是原因。原來「尋找原因的心態」＝「告訴我答案的心態」，也就是一直在說：「我想被支配」……

魔鬼　對這個不可能有原因的世界說「想要原因或解決方案」，並開始尋找幻覺的人，**只不過是受到心中的巴比倫折磨而已**。

誰來幫我決定一下！

誰來支配我一下！

誰來灌輸我「正當性」！

在自導自演的狀況下受盡巴比倫折磨。

其實世上根本沒有「善」勢力，也不存在散播「正確」教誨的人，**有的只是一直在尋求「正確」教誨的「㊙」**。

蜜郎　這麼說來，向外尋求「正當性」的心態，才是一切痛苦的根源？這種「該怎麼辦才好？」的心態，才是那個不斷把主控權交給外界，讓我受盡折磨的元凶？

因為你害怕自己決定正確答案，**畢竟順從別人的「正當性」比較輕鬆**。

魔鬼　從我遇見你的第一天起，我就重複說了好多遍，要懷疑所有的「正當性」，**把已經擁有的「正當性」都丟掉，別再向外尋求新的「正當性」**！

「算一算，究竟多久沒闔眼？

想睡覺的欲望，說不定反映的是想盡快切換到另一個「我」的衝動。

想要前往與這個「世界」截然不同、更遠更遠的「世界」。

想要盡快移動。

手機猛然響起後的通話內容，讓蜜郎產生了這樣的念頭——」

健二　蜜郎，你認真聽我說，我沒有開玩笑，你是什麼血型？卡德魯被刺傷了，他需要輸血。

「好想殺了那個口口聲聲說：世上根本沒有「邪惡」的魔鬼。」

以往的教誨

把全世界的「壞人」斬草除根！

你那想遵從別人「正當性」的軟弱，才是世界需要「壞人」的罪魁禍首。

在指責外遇的妻子前，試著說：「或許我能懂妳的心情，我也會想要愛很多人。」

在指責不工作的員工前，試著說：「我也可以理解你的心情，如果這是一個大家都可以輕鬆過活的社會就好了。」

一再地重複：「我也想做」、「我也懂那種心情」。所謂的壞人，不過就是在你眼前展現出你自己藏得太深、深到都無法辨識的「欲望」的人。換句話說，

「壞人是為了你，才在你眼前做壞事的。」

為了讓你意識到你潛藏的「欲望」。請試著原諒一切的「惡」，試著說：「我原諒你。」

如此一來，你將會發現自己畏懼於「正當性」而隱藏許久的「我其實也想做的事」，並且在那個「欲望」變大之前獲得解放。

閣下的

不把「欲望」當「壞事」的方法

a way to blow away your anger

世界其實不存在「壞事」、「惡行」或「犯罪」，只存在微小的「欲望」。
然而，畏懼「正當性」的你們，卻一直將「欲望」隱藏在內心深處。
「欲望」藏得越深，膨脹得越厲害，它才能浮出水面，再一口氣以「犯罪」的形式爆發。
所以，只要趁著「欲望」還微小時趕緊消除，就不會有犯罪行為。
那我就教你們，如何找到並消除隱藏在內心深處，深到連自己也難以辨識的「欲望」。
就是對於新聞或談話節目上提到「令人想批評的犯罪」，試著說：「我也能體會那種心情。」越愛把外遇藝人視為罪犯的歐巴桑，心裡越渴望搞外遇。
那是一種「批判」現象。因為自己一向遵守「正當性」而壓抑「欲望」，所以發現有人大大方方做自己想做卻不能做的事情時，就會集中心底累積的能量砲火猛攻。
但他們其實很羨慕那些「壞人」，那些人可以滿不在乎地做著自己「想做」卻壓抑不做的事。所以為了對想批判的事情取回「其實我也想那樣做」的觀點，不妨試著對「壞人」或「惡行」說：「我也能體會那種心情，畢竟人都會想要○○。」

總而言之，就是原諒一切的「惡」！

waiting…

第13章

超越正當性

——全宇宙最想去的地方，就在眼前

「我」究竟如何開始的？

開始時就已經在那裡，結束後又不在那裡。

如此不可思議的現象，「我」要如何才能釐清？

仔細想想，那樣的「我」走過一段很長的旅程，不，甚至不知道究竟是長是短。

因為「我」只有經歷過「我」的體驗而已，至少目前是這樣。

想要尋找到一個「誰」的聲音，能夠見證「我」的存在，因為「名字」，隨時都能將「我」的意識帶回世界。

蜜郎 喂，卡德魯！卡德魯！要開玩笑靠你的臉就夠了！卡德魯！醒醒啊！啊……眼、眼睛睜開了！喂，卡德魯！

卡德魯 原來我在做夢。

蜜郎 對啦，那是一場夢，忘掉那可惡的女人，你已經沒事了，因為你體內流著我健康到爆表的血液。

卡德魯 是喔，原來那不是夢。

蜜郎　什麼嘛，你在說另一個「世界」的事喔？你夢到什麼了？

卡德魯　夢到我是小學生，那裡總是……算了，總有一天可以在那個夢裡跟你說，因為那時候你也在同一個「世界」。

聽著，蜜郎，**努力超越所有的「正當性」**。不然你這麼一本正經的人，連去卡拉OK唱歌，都想努力唱出「正確的」音準，結果還不是唱不了。那種東西，只要盡情大叫就夠啦。

蜜郎　你哪壺不開提哪壺。

卡德魯　誰知道，不過不曉得我還有沒有機會，在有生之年去一趟牙買加？我把你當朋友才認真問你，你別騙我。

蜜郎　如果你相信醫療技術的話……

你不可以去，但應該不是血液不夠之類的問題。

卡德魯　這樣啊……所有宗教的目的就在這裡吧……如何能夠安撫「死亡」？

因為「㊙我」最害怕的就是「㊙我」的消失。

這樣說來，我們的畢業論文還完成得真是時候。

因為鑽進所有人類套裝裡的都是「同一個One」，所以也不會有什麼東西從宇宙消失。

蜜郎　沒錯，沒有什麼可以失去。我就是「另一個你」，健二也是，巴布·馬利也是，未來的「某人」也是，我們全都是你。另一個你只是改變外形，在體驗那個人而已。

卡德魯　可是，我好害怕喔。你現在來這個地方就知道。你來「體驗」這裡，一定會明白那些話一點用也沒有。

我好害怕，但……**享受「害怕」的方式，就是「害怕」吧**？那我這樣就可以了吧，就這樣害怕下去。

蜜郎　如果這是夢，我真希望自己可以早一點醒來。

卡德魯　是嗎？我可不這麼想，**難得身在夢裡，可得好好享受這個「夢」才行**，因為「夢」是某個很想很想前往那裡的傢伙，許了好多次願望，才好不容易「生成的世界」吧？**如果這是夢，我倒希望不要醒來，因為即使是這樣的「㊙」，依然有某個傢伙很想體驗！**

不知道那傢伙有沒有樂在其中？

蜜郎　那傢伙不就是你嗎？

卡德魯　啊，也對。「I」的全部就是「One」，「One」就是全部的「I」。

我本來真心相信自己是巴布·馬利投胎轉世，但說不定我接下來會投胎成為巴布·馬利，**因為「過去」和「未來」沒有什麼先後順序。**

蜜郎 豈止是沒有先後順序，其實從頭到尾都是卡德魯你，連現在在這裡跟你說話的我，也是卡德魯你，真是個恐怖的世界。

卡德魯 這樣果然還是不要有上輩子的「記憶」比較好吧？最好也別知道「未來」會發生什麼事。

因為成功忘記「過去」，才能笑得出來，因為不知道「未來」才能樂在其中。一個清楚知道未來會如何發展的遊戲，我絕對不會想玩。

但……唯有一件事情令我遺憾，我一直都想趁著「這輩子」去牙買加吸大麻。

蜜郎 那種事情就算了吧，而且現在也有另一個你，正代替你在牙買加吸大麻了。

卡德魯 **夢想不是拿來實現，而是現在已經實現。**

我們幾個真好笑，竟然在夢裡努力想實現自己的夢，**明明就已經實現，所以眼前才會展開這個夢的「世界」，我們卻在夢中夢想著其他更不一樣的地方**，而在那個夢想的地方，還有另一個不同的「㊙我」。

現在在牙買加吸大麻的那傢伙，真希望他懂得感謝自己眼前的幸福，因為我的夢正在那裡實現著。

蜜郎 那你也該感謝，因為有某個傢伙的願望就是「你」，多虧有那個許下「就算被懷疑是同性戀，也想在病房裡跟男生牽手」願望的傢伙，現在才會有「卡德魯」這個人類套裝被設置在這裡。

卡德魯　我們的畢業論文真的很厲害，竟然發現「願望已百分之百在全世界所有人眼前實現」。你和健二提到這件事時，我還無法相信。但只有這件事絕對是事實，**每個人的願望都已經百分之百在眼前實現**，卻只有本人沒意識到它。

蜜郎　如果能意識到，就能瞬間感到幸福吧，因為**全宇宙最想去的地方，就在眼前**。

卡德魯　就像「蜜郎」，也是某個平行世界裡的傢伙許願……對吼，可能是苦惱於手上有一百四十六隻小指的外星人許願：「手指動不動就纏在一起，好不方便。拜託，請讓我去一個只有五隻手指的世界。」所以現在這個瞬間才會有「你」這個人類套裝被穿著。

蜜郎　也許吧，看來我必須感謝只有五隻手指頭的現實，還有健康的現實、活著的現實……「小指」有一百四十六隻那部分，真是超現實又搞笑耶！但重點不是手指吧？

卡德魯　沒錯，就是「小指」，光是小指就有一百四十六隻。不愧是我兄弟，我們果然流著相同的血液。

蜜郎　**你和所有的存在都是兄弟吧**！因為鑽進身體裡的都是同一個傢伙。

卡德魯　是啊……我不恨玲子。

蜜郎　我知道，她也是啊。從邊鞦韆法則來說，「愛」與「恨」是同一種能量的兩個極端。**所謂「最喜歡某個人」的狀態，其實就是在累積「最討厭他的反作用力」**。

卡德魯 什麼，什麼法則？那所謂「最討厭某個人」的狀態，就是在「累積最喜歡他的反作用力」？

蜜郎 嗯，即使是從這種狀態，也的確有可能再喜歡上玲子。

這個世界一直來來回回，根本沒有前進。

因為鞦韆一旦停止擺盪，人就會死。

真想把這句話告訴那個說什麼「真實會在鞦韆停止時到訪」的聖人，

告訴他盪鞦韆有多開心、幻想的世界有多有趣，

告訴他全心去愛、全心去恨的滋味，

告訴他哭到崩潰、笑到肚疼的日子有多精彩。

卡德魯 不知道我還能不能再見到大家。

蜜郎 你不只能見到大家，等分裂出來的這個「㊙我」消失以後，還能融為一體。光用想像的，我就覺得好噁心。

卡德魯 **不分開就見不到面，想想還真是奇妙**。我還想趁著沒融為一體時，多跟大家在一起的說……

蜜郎 喂，卡德魯！聽著，你得繼續說話，你必須繼續將意識集中在「㊙我」身上。聽到沒，快張開眼睛！繼續跟我說更多屁話！要說多少我都可以奉陪！因為這個世界的一切全都是屁！我要你永遠說下去，說一輩子屁話！
喂喂，不可以！不要回去！不要變回那個什麼也不是的傢伙，繼續當你這個「傢伙」！
回到「一體」就什麼事都做不了囉？
快啊，快讓我發揮「揍人」的能力！我是為了揍你，才跟你分開的啊！你這樣我甚至不知道我究竟是為了什麼才遇到你啦！

「
心電圖的波線停止時，四周的寂靜深過海底，也深過大雪之日的深夜。
將一切包含在內的「無聲」，持續圍繞在蜜郎周圍好幾個小時，包括醫院的出口也是、在停車場擦身而過的救護車也是、車上放得震耳欲聾的音響也是，連回不了家只好默默走進的電影院裡面都是。
那持續包裹著身體的無聲，彷彿從「㊙」這裡奪走了「世界」。
最後，第一道劃破那寂靜的聲音——
是不知不覺在電影院出口對著下著雪的夜空咆哮、自己的聲音。
」

蜜郎
看這種早就被爆完雷的電影，根本一點意思也沒有，混帳東西！誰叫祢一字不漏地把所有情節都說完啦！我要宰了祢，祢給我活過來！

魔鬼 你叫破喉嚨也沒用，這不是任何人的錯。

蜜郎 那種事情我當然知道。

魔鬼 那你為什麼還想要「試著做些什麼」？

蜜郎 「努力克制自己，不試著去做些什麼」，到頭來也是「試著做些什麼」的一種吧？所以祢就別多管閒事了。

魔鬼 我想靠自力做些什麼，改變這個無可救藥的世界。祢不是魔鬼嗎？祢難道不能改變時間的流動嗎？

蜜郎 「想改變時間的流動」，現在正在實現。

魔鬼 我在問祢有沒有什麼方法！

蜜郎 「想問有沒有什麼方法」，現在正在實現。

魔鬼 我知道那種原則！但就算我相信「卡德魯還活著，沒有被刺殺」，眼前還不是沒有實現嗎！

蜜郎 **因為你不相信啊，而在你相信的地方，那件事情確實正在發生。**

魔鬼 難道也有卡德魯還活著，沒有被刺殺的平行世界嗎？有的話，我想去那裡！求祢了，帶我去那裡。

蜜郎 你已經去啦，那個願望已經在那裡實現了。

那個地方已經有實現那件事的「另一個你」，
現在這裡也有「想要實現那件事的你」正在實現。

「無」包含所有一切

蜜郎　道理我都明白，但我就是想要體驗那個世界！

魔鬼　這就是你還不明白的證據，因為對那個世界的你而言，「體驗」確實正在發生。

蜜郎　那為什麼我沒有那個記憶！如果我「體驗」過那件事，我應該會有記憶才對！

魔鬼　**因為在包含一切的地方，什麼也沒有。**體驗與體驗會互相抵消。

蜜郎　什麼意思！

魔鬼　「看的人」與「被看的東西」黏在一起的話，「看」這個行為就消失了吧？
用數學來說，「負三十」與「正三十」所在的地方，是「零」。
然而「零」並不代表「什麼都沒有」，那裡還是包含著「負三十」與「正三十」。
「無」看起來空無一物，裡面卻含有一切，包羅萬象。
有「正六」也有「負六」，
有「正七」也有「負七」，

有「所有的正數」與「所有的負數」，
所有的「主體」與所有的「客體」，
所有的「我」與所有的「世界」，
所有的「快樂體驗」與所有的「難過體驗」，
有「溫暖」與「冷漠」，
有「高」與「低」。
有所有相反的一切。
因為「現在」同時擁有那些，所以全部抵消之後，才會看起來是「無」。**但其實在沒有的地方，反而才什麼都有。**

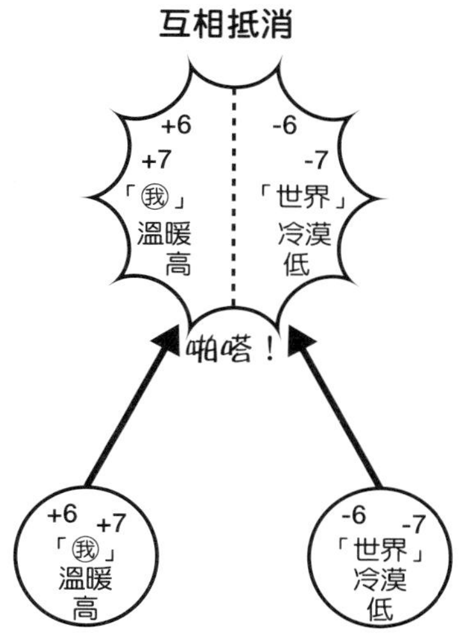

蜜郎 是嗎……「有卡德魯的二〇〇三年冬天」的記憶，與「沒有卡德魯的二〇〇三年冬天」的記憶，兩者無法同時存在嗎？
記憶與記憶會互相抵消。
「溫泉」與「冷泉」只能分別體驗。

魔鬼 沒錯，你「現在」確實去到了那兩個世界。
你正在同時「體驗」那兩個世界。神已經完成了所有的體驗。

蜜郎　可惡！那算什嘛！反正我就是想把這種不愉快的感覺「怪」在誰頭上！

魔鬼　**那就當成是魔鬼的「錯」。我就是「惡」，我已經習慣被人討厭、被人怨恨，我甘願承擔起全世界的「原因」。**

蜜郎　蛤？

魔鬼　在真實的系統中，「誰也沒有『錯』」。

但如果因為怪罪自己而受苦，乾脆怪在魔鬼頭上。

如果無法原諒不合理的事，乾脆怪在魔鬼頭上。

發生戰爭是我的錯，

世界上還有貧窮也是我的錯，

世界上還有「壞蛋」也是我的錯。

努力沒有回報、流下悔恨眼淚的夜晚，是我的錯，

捨不得的生命被奪走，是我的錯，

全部都是魔鬼的錯，都是魔鬼「不好」。

蜜郎　我也知道這些根本不是祢的錯好嗎！可是人類無法理解「誰也沒有錯」這種說法！

如果是那樣，我寧願刪去所有與卡德魯有關的記憶！

魔鬼　那很簡單，因為人類是健忘的生物。

你們在享受這個遊戲的過程中，總是把「㊢」以外的「㊢」的記憶全部刪除。有時不只是「另一個㊢」，甚至連「去年的㊢」都能刪去，把痛苦回憶忘得一乾二淨。倘若你連與卡德魯的回憶都想「刪去」，我可以助你一臂之力。當然，你與我碰面的記憶也會消失。

蜜郎　啥？

魔鬼　動手囉。

早上醒來時，感覺直到前一刻，都還是另一個「㊢」。

那個「㊢」好像以更不同的外貌，站在更不同的天空下，與更不一樣的朋友一起歡笑……

只剩這樣的記憶飄著餘香。

因為那樣的餘香會隨著渾沌時間一起消失殆盡，所以如果說那只是記憶交錯或錯覺，其實也無話可說。

但有時就是會想要確認一下——

有時就是會想要找找看這個世界上哪裡有「證據」，證明在「㊢」的人生之外，「㊢」依然活著的證據。這一天也是，明明在第一次聽到的歌曲中醒來，胸口卻莫名有種「懷念」的感覺。

蜜郎　黑糖……一大早的，你在聽什麼？

黑糖　我也不知道。iPad好像壞掉了，是YouTube隨機播放的影片。

蜜郎　巴布・馬利啊。雖然我沒聽過這首歌，感覺卻莫名地懷念……

不如在下次演講時唱唱這首〈Jah Live〉。嗯，歌的內容是……「I & I都知道，

神活著，孩子們啊，神是活著的塞拉西一世！」

我來問問那傢伙好了。

說完，蜜郎帶著壞掉的iPad，前往自家附近的神社。

季節變換之快令人措手不及。明明感覺昨天還是冬天，今天卻已快被眼前的炙夏艷陽曬暈。

在「冬天」與「夏天」之間，真的有好幾天不同的「㊙」嗎？明明有那麼多不同的「㊙」，「㊙」卻一點也不記得了。

蜜郎 喂，天神，還是我應該稱呼祢為閣下啊？

天神 你什麼時候發現的？

蜜郎 從祢把一隻奇怪的玩偶放在我眼前，說什麼「我是魔鬼」的那一瞬間就發現了。那是小砂糖玩夾娃娃機夾到的，而且我也不記得我在大學時有畫過魔法陣。我只是假裝沒發現而已。

天神 我也早就發現，「你只是假裝沒發現而已」。我可是天神！什麼事情都逃不過我的法眼。

蜜郎　我也早就發現「祢早就發現我只是假裝沒發現而已」。

天神　我也早就發現「你也早就發現我早就發現你只是假裝沒發現而已」。

蜜郎　祢到底想幹麼，玩這種無聊的文字遊戲！

天神 這就是人生，**彼此都假裝沒注意到對方其實「就是自己」**。有時遺忘，有時假裝。

有些事情，如果不隱藏全貌不就無法「體驗」了？

難道有什麼方法可以同時體驗「涼爽」與「炎熱」？

難道有辦法可以去「很高」又「很低」的地方？

不可能的，你只能去其中一個「極端」而已。體驗的人必須決定要去哪一個「極端」。

所以魔鬼與天使不會同時出現，**一切都取決於「看的人」**。

只是有人看到的是「惡」，有人看到的是「善」，如此而已。

其實跟你聊天的魔鬼並不是我，那是我的另一個投射。

蜜郎 但因為全部都是One的顯像，所以說來說去還是一樣的吧？

天神 投射出來時是「同中有異」的感覺。雖然相同，但又不同；雖然不同，卻又相同。

用能量來說的話，魔鬼的相反概念就是天使。

我是超越所有二元的存在。

所有的「世界」，都取決於體驗者要從哪個角度去看。

話說，你找我幹麼？

一不相信的人才許願

蜜郎　我有件事想了解一下，**為什麼有些歌曲或地方明明是初次體驗，卻有種「懷念的感覺」**？

天神　那就是「有些事情不要知道比較好」的絕佳範例。**因為被隱藏起來，才會有那種「懷念的感覺」**吧？**「懷念」不就是「因為一度遺忘」，才會產生那樣的感覺嗎**？

蜜郎　也是，如果一直記得就不會產生「懷念的感覺」了。

天神　**那種「懷念的感覺」是上天賜予的禮物，**是來自不同的「你」的贈禮，送給假裝遺忘的「你」。所有的存在都始於唯一的「奇異點」。因為起源都一樣，所以就算現在四分五裂，也不可能會有想不起來的記憶。只要不強烈執著於「我」，任何人都能瞬間想起另一個截然不同的我。

蜜郎　今天早上那首歌給我的「懷念的感覺」，讓人心情非常好。

天神　那你就盡情享受那份禮物就好。

任何人只要明確理解到：在所有不同的瞬間、不同的地點都有不同的「我」，

應該就會比較享受眼前寶貴的「世界」，而不是一直想著其他的世界。不用刻意去擔心，因為那些地方還是有其他夥伴正在享受那邊的「世界」。

蜜郎　嗯，確實是那樣沒錯。**「現在」才是宇宙最棒的「夢想實現之地」**。

天神　不管是什麼樣的「㊙我」，或是什麼樣的記憶，都不可能會失去。宇宙的質量永遠不變，不會變得更大，也不會變得更小，所以你們什麼也沒失去，永遠都在一起，你們只是在「分裂」的幻覺中玩耍而已。

除了沒有的東西，其他全部都有；

除了有的東西，其他全部都沒有。

就是在這樣的世界裡玩耍。

蜜郎　因為包含一切的「奇異點」分裂後，變成「㊙我」與「世界」這兩種狀態，所以自己沒有的東西，才會看起來像有一樣。**反之，只有「跟自己在一起的東西」，才會看起來像是沒有一樣**。

但祢怎麼會製造出這麼複雜的世界。

天神　系統就是這樣設計的，我也沒辦法。

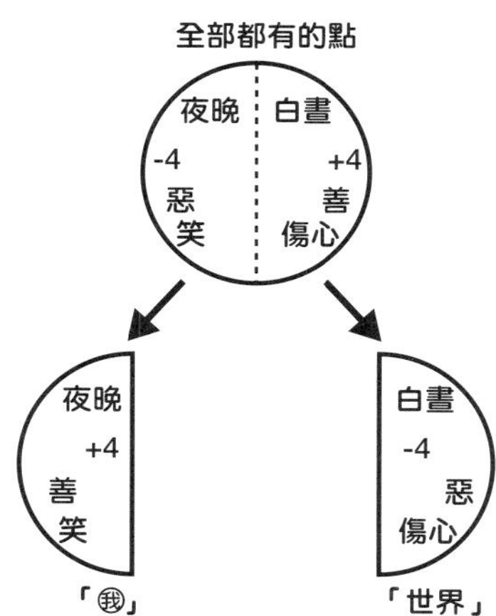

只要全部都分裂成兩半，就一定會被分到「我這一半」或「世界那一半」。

這世界上看得到的東西，全都屬於「世界」那一半，簡單來說，就是從「㊢」這個角度看出去的另一邊。因為那些東西沒有跟我在一起，所以是「沒有的東西」。

「㊢」只看得見自己沒有的東西。

看得見的東西全都在「世界」那一半。

想要的東西全都在「世界」那一半。

觸摸得到的東西，全都在「世界」那一半。

所以才會看得到、才會渴望得到、才會摸得到。反而是看不到的東西，才是一直在一起的東西。

你們「不渴望得到的東西」，就是一直跟你們在一起的東西。所以才不會渴望得到。

你擁有所有沒有的東西。

你總是跟沒辦法見面的人在一起。

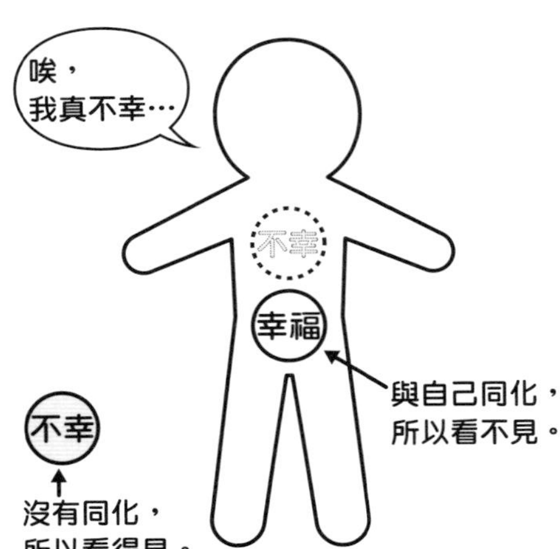

唉，
我真不幸…
不幸
幸福
與自己同化，
所以看不見。
不幸
沒有同化，
所以看得見。

蜜郎 所以我才一直跟你說不要尋找「不足」，而要相信「已經擁有」的充足。相信看不見的東西？

天神 因為在「㊙」這一半的東西，不會顯示證據，**既看不見，也摸不著，你只能相信那些東西「就在那裡」**。

蜜郎 這就是最弔詭的地方！

看得見的東西是假的，

聽得見的東西是假的，

可以說明的東西是假的，

可以感覺到的東西是假的，

看不見、聽不到、摸不到、聞不到、無法說明、無法想像的東西，竟然才是「跟我在一起的東西」？

天神 這是系統設計，沒辦法，你只能相信。

六種感知器官可以搜尋「世界」那一邊，而「相信」這第七種感知器官則可以搜尋「㊙」這一邊，**對這種感知器官來說，沒有反應就是「存在的證據」**。

所以不要期待任何反應，相信就對了，相信自己一直都擁有，相信自己一直都見得到對方。

所以不相信的人才許願，
相信的人只會感謝。

一加一等於「更大的一」

蜜郎　只要相信「已經完成」、「已經擁有」、「已經得到控制」，這樣加強自我催眠，就能放下「尚未達成」的欲望，因為欲望就是「還沒達成的事情」。

天神　沒錯！

只要放下「想要擁有」的欲望，就會感覺自己「擁有更多」；
只要放下「想要控制」的不足，就會發現情況得到更多控制；
只要捨棄「想要實現」的願望，就會知道願望早已實現；
只要放下「想要改變」的衝動，就會開始看見「已經改變」的世界。

這就是系統。

蜜郎　只要能理解宇宙系統，事情就簡單多了！只要放下想控制外界的欲望就好。

天神　你以為自己已經理解，但其實你們人類永遠都「無法分解」。
這個「無法分解」有兩個意思。

一是代表「無法理解」之意的「無法分解」，二是代表「無法與One分開」之意的「無法分解」。

人類永遠也「無法分解」，那就是宇宙賜予你們最好的禮物。

假如已經完全領悟，一切不就已經結束了嗎？

假如在心中認為「這就是答案！」覺得這才是「正確的！」不就不會再繼續成長了嗎？

「正當性」會摧毀人類的可能性，因為**所謂的「正當」，就是在宣告說除此之外，我全都不信**。對宇宙來說，那等於是宣判死刑，不會再有所成長。

所以別在心中抱持任何「正當的」意見，一個也不行，連我告訴你的這件事，甚至是之前告訴你的每一件事都不例外，你要懷疑所有的「正當性」。

蜜郎 原來如此……原來自以為知道正確解答的態度，或是認為這個「世界」的某個角落一定存在唯一「正當的」事的心態，正在破壞其他所有的可能性。

天神 沒錯，說真的，**你們人類有無限的可能性**。

但如果你們相信「空氣動力學是正確的」，一切不就在那裡結束了？明明還有空氣動力學以外的方法可以浮起來，但就因為相信「正當性」，所以毫無發展。

你們其實有辦法瞬間移動，也能夠心電感應，只要你們丟掉腦中一直堅信的「正確」物理學就可以。

蜜郎

天神

只要不死守「正當性」，感覺好像沒有什麼辦不到的事情。

只要你們不相信「正當性」，就什麼事情都做得到。

愛迪生甚至不相信「一加一等於二」，但他的老師們一直試著強迫他接受「正當性」，

結果他準備了兩顆泥巴球，對老師說：

「老師，你看好了，一加一等於『更大的一』，不等於二。」

你們什麼事情都做得到，

你們無所不能。

跨越所有的「正當性」！

所謂的不可能，只是無法跨越「正當性」的藉口。

當你們捨去唯一的「正當性」這一小「部分」，開始相信眼前「世界」的「全體」時，

應該就會實際感受到什麼叫「既是部分，同時也是全體」的奇蹟。

「號召眾人「返回非洲」的拉斯塔法里運動，後來遭遇了諸多矛盾。因為拉斯塔法里信眾的DNA起源雖然是非洲，但他們也對現在居住的「牙買加」有感情。

錫安是必須回歸的聖地，但被人強迫帶來的這個牙買加也令人難以割」

捨。
神是貪心的，那些祂全部都想要。
而且神也是任性的，不管哪一邊，祂都絕對要得到手。
就這樣，「我」與「某個」不同的One，今天依然在全世界的各個角落，以「I」的面貌進行「體驗」，就如同有個小學生在我演講後的簽名會上，向我開口說話一樣。

蜜郎　咦？怎麼有個小學生？你好厲害！你能理解歐吉桑講的話嗎？

男孩　我雖然「不太能分解」，但我還是笑得很開心，我希望有一天也能像你一樣站在台上望著觀眾席。

蜜郎　你的夢想說不定是成為「歐吉桑」？

男孩　蛤？我的夢想才不是成為歐吉桑。

蜜郎　不，說不定你睡覺時，做的就是現在這個「歐吉桑」的夢，一睡著就交棒到這邊來，醒了以後又到那邊去。歐吉桑睡覺時做的夢，說不定就是現在的你！
歐吉桑這個人很貪心，
總是在想，我想從台上看看大家的臉，

同時也想從觀眾席上看看台上的自己。

如果想要兩邊都實現該怎麼做？

男孩　嗯……那樣就需要有「我」跟「歐吉桑」。我好像有點明白了，**我們是「輪流」在做夢吧**？

蜜郎　沒錯，而且神奇的是，那會同時在「現在」發生，就算不交棒，「歐吉桑」現在還是在做著你的夢，你現在也正在做著歐吉桑的夢，然後全世界的各個角落都有我們的夥伴，那些夥伴「現在」正同時幫我們實現同樣的夢想。

男孩　因為我們是夥伴吧。感覺我好像不是第一次見到歐吉桑。

蜜郎　那就代表我們曾經在哪個地方相聚過，因為全世界的人都是由相同的要素構成，我們就是 I & I 所構成的 One，只不過用不同「名字」在這個世界上玩耍。

這個歐吉桑「I」用的名字叫做蜜郎，你呢？你叫什麼名字？

男孩　我的名字叫卡德魯，今年小學三年級。

蜜郎　哇，你的名字取得真好，「卡德魯」小朋友。

男孩　這個名字很少見吧？

蜜郎　是啊，很少聽到這樣的名字！不過……歐吉桑也有一個朋友叫卡德魯，而且我待會也要跟那傢伙去喝兩杯，這是我來札幌表演的樂趣之一。

舞台入口
禁止進入

表演結束後，蜜郎為了拿遺漏的東西而回到舞台。偌大的會場在關了燈之後，連它的「大」也看不見了。明明直到剛才為止，還有數千個不同的「㊞」坐在觀眾席上。

眼前一片漆黑，「觀眾席」這個分裂的邊界線消失不見，只剩下寂靜至極的「無」。

此時，從那「空無一物」又「包含一切」的黑暗深處，傳來一陣詭異的笑聲。

「咿——嘻嘻嘻。

你終於也超越所有的正當性了啊。」

以往的教誨

盡可能取得更多「正當性」。

對於懷疑「正當性」的人來說，沒有什麼事情不可能。

waiting…

這個故事，還有這個世界，
都只是你的自我催眠罷了。

卷末特別附錄・朔日參拜

閣下　最後再教你們一個**可以得到無限可能性的咒語**。

蜜郎　咒語？祢以為我會相信那種邏輯上無法說明的事嗎？

閣下　咒語只有在你不理解其中機制時才會生效，所以對於「不相信的人」或不曉得「為什麼會那樣」的人來說，反而比較有效。「奇怪的咒語」在頑固的科學家身上最有效。**笑會發生在「㊙」無法說明笑的理由時，咒語則會在「我」無法理解為什麼會那樣運作時生效，要試試嗎？**

蜜郎　當然要！我有自信現在的我是全日本最渴望「咒語」的人。

閣下　那我就大發慈悲教教你吧，這是很久以前原住民流傳下來的咒語：「**Tawamu・Same・Ehiko**」。

蜜郎　我聽過研究聲音的人說，「Same」這個發音光是聲音本身就有「劈開」的能量。

閣下　這是使用這個咒語的朔日參拜儀式。

蜜郎　哇喔，繼上一本書之後，這次又要再提到神社的香油錢了吧？

閣下　一切都是能量的交換。為了「得到」價值，必須付出相對的代價才行。

錢不是為了別人而付，而是「為了確認自己的手感」而付。

付出十萬圓是因為自己覺得有「十萬圓的價值」，一千圓的包包與十萬圓的包包，材質並沒有差別，差別在於本人對那個東西的「手感」而已。付出區區三百圓的香油錢，就能得到無限的可能性喔？你要放棄嗎？

蜜郎　當然不要。

閣下　這是一場**「回歸無形」的儀式**。

首先，我曾說過這個「世界」的所有物質，都是由「三要素」所構成。

所有的有形物都有「三種」要素。所謂的有形物，就是從最初的「構想」被化為物質的東西。這世界上任何物質，都是一開始先有「構想」，然後才被化為物質。

蜜郎　那當然，就連「摩天大樓開發案」，一開始也是先有設計者的「構想」，實際成形以後才出現在世界上。

閣下　那種構想能量容易變成「有形」的地方，就在這個虛擬實境程式的「世界」裡。以日本來說，構想容易成形的地點就在神社。**「形」這個漢字的寫法，左邊是「鳥居」，右邊是「三」**。意思就是本來無形的「構想」能量，出了鳥居之後，就會變成三（物質化）。如字面所示，就是**願望成形**的意思。本來在鳥居裡還只是「構想」的無形物，經過「三要素化」以後，去到鳥居外的程式「世界」。

蜜郎　哇賽，原來「形」是出了鳥居之後，就會變成「三（有形）」的意思。那只要在鳥居裡祈禱，出去外面就容易變成有形物嗎？

閣下　沒錯，但直接走進鳥居裡也沒有意義，因為你們人類腦中有太多「正當性」。如果心中已經有相信的「正確」形狀，就無法創造新「形狀」。

唯有「無形物」才能創造新形狀。

蜜郎　那到底該怎麼做？該不會聽祢囉唆了半天，結果卻是「不會實現啦，叭叭——」？這樣祢人品也太差了吧？

閣下　**沒別的，就是原諒惡而已**，用那種方法，讓自己心中的「正確形狀」崩毀。主動接近討厭的人、原諒不能原諒的事、接受討厭的事情，先摧毀你所認定的所有「壞事」，再將那改變成「好事」。

為此，必須借用月亮的能量，**月亮在農曆初一會變回新月這種無形物。它的形狀會消失，到了滿月之日再變成「有形物」**。

蜜郎　原來如此，所以要在農曆初一原諒那個月（從上次新月到滿月為止）發生的壞事吧？摧毀「正確」形狀，再獲得「新」形狀。只要摧毀「正當性」，就能獲得無限的可能。

閣下 沒錯，然後理所當然的，**不可以在獲得新「形狀」時許願**。「想變幸福（不足）」，是不相信幸福的人說的話，因為「願望」是不相信的人才會有的心態。嘴巴上說「我想變幸福」的傢伙，只不過是相信「我不幸福」罷了。**許願的人並不相信，相信的人並不許願**。要徹底看透這個系統，不妨養成在許願前先說「謝謝」的習慣。如此一來，許願的焦點自動會從「不足」切換到「充足」。

蜜郎 原來如此，畢竟在說完「謝謝」之後，也不可能再說「請讓我得到幸福」。在一開始就說「謝謝」，焦點自然而然就會移到「充足」上。例如：「謝謝，我很健康。」

閣下 沒錯，**「謝謝」也是一種咒語**。在月亮變成無形的初一之日，使用這些咒語進行「朔日參拜」儀式吧。以原諒惡的方式，破壞「正確」形狀，讓它變回具有無限可能的「無形物」，之後在鳥居裡祈禱「新形狀」，如此一來，出了鳥居後，立刻就會實現為「有形物」。

蜜郎 哇喔！聽得我躍躍欲試！快點來啊來啊，新月快來！

朔日參拜

監修　闇下

效能 你將獲得無限的可能性

日期 農曆初一（朔日）※注意是農曆而非國曆

地點 你家附近有鳥居的神社或神宮

〈方　法〉

■步入鳥居時，想像身體周圍多餘的「形狀」經由鳥居褪去。

■回想並原諒當「月」發生的每一件「壞事」（即使內心無法原諒，也要對壞事說「謝謝」）。

■如此盤踞內心的「正當性」將崩毀，請將那股能量擴散到全身，使自己化為「無」。

■原諒一切的惡，化為「無形」之後，祈禱得到新「形狀」。

■全部祈禱完後，低聲唸道：「Tawamu・Same・Ehiko」，並在步出鳥居之際，想像無形的「無」的能量釋放出去，逐漸變成有形物。

※在鳥居裡面請想像自己變成了「無形物（純粹的能量）」。

※請投入三百圓（或以上）的香油錢。

※雙手合十後，請深呼吸三次，鎮定心情（拋棄形狀）。

※祈禱時請試著感受「已經達成」而非「想要達成」的感覺。

※祈禱請一律從「謝謝」開始說起。

※Tawamu（維持）・Same（破壞）・Ehiko（創造）是將維持至今的東西褪去、破壞，以得到新創造的魔法咒語。

※步出鳥居之際，強烈意識到「形」這個漢字，試著相信「無」的能量會從鳥居釋放出去，在外面變成新形狀。

※月亮是牽動「水」的天體，因此回到家後，請大量飲用新鮮的水（最好是泉水）。

※請一邊欣賞夜裡的月亮，一邊相信自己的「構想」會實際成形，就如月亮逐漸變成「圓滿」的形狀。

人類套裝論（蜜郎理論）

札幌統合學院大學　資訊社會學系　永田研究室所屬研究生

我究竟是什麼呢？所有的學問都始於此一根源性問題。

本研究室為了探討這個「人類意識」之謎，投入一項名為「人類套裝」的思考實驗。

在全世界正在發生的「㊙」眼前，總是投射出「世界」。

兩者不可分割，不可能只有「㊙」發生，也不可能只有「世界」發生。

被確認的事物＝「世界」與確認者＝「㊙」總是同時啟動。

人類套裝的概要

這個「世界」與「㊙」之間的關係設定，基本上就像可以體驗虛擬實境的遊戲機。一按下啟動鈕，「㊙」與「世界」就會同時發生。所謂的「一覺醒來」，就是「㊙」與「世界」同時啟動的意思。

假設現在全世界都設置著人類套裝，體驗者會鑽進「想要體驗」的人類套裝中，按下啟動鈕。這時，「我」的視角會正式展開，虛擬實境模擬器也會同時投射出「世界」。當然，投射出來的「世界」並不是只有影像。

它將會是立體而非平面的影像，而那個萬能模擬器，可以讓體驗者逼真地「感受」到香氣、聲音、疼痛、味道，甚至是觸感。

由於體驗者是從所有套裝中選出「想要體驗的」人類套裝穿在身上，因此一開始投射出來的「世界」，就是符合「我」所期望的畫面。

簡而言之，**在「我」的眼前，總是持續實現所有的願望**。

在「想要錢」的人面前，實現的是「想要錢（＝沒有錢）」的體驗。

在「渴望幸福」的人面前，會不斷發生讓人「渴望幸福」的現實。

這種關係酷似推導出量子力學基本方程式的物理學家薛丁格（Erwin Schrödinger）所提出的「觀測者」與「被觀測對象」之間的關係。

也就是被看的東西（世界），全都符合看的人（我）的期望（符合觀測期待）。

正確的許願方式（人類套裝的操作方法一）

許願：「我想變有錢人。」就會實現「我想變有錢人」。

許願：「我想得到幸福。」就會實現「我想得到幸福」。

在這個願望會一〇〇%在眼前立刻「如你所願」實現的系統下，**越是許願「我想得到幸福」的人，越會吸引到「不幸福」的現實**。

因此，正確的許願方式不是「想變成」或「想怎麼做」，而是「已經達成」或「已經做到」。

也就是許願「我已經很幸福」，而不是「我想要得到幸福」。

許願「我已經是有錢人」，而不是「我想變有錢人」。

其實從量子力學理論就可以知道，這個「現實」只不過是自我催眠而已。因為觀測者那樣解釋，才會觀測出那樣的「現實」。換言之，我們唯一能做的就是自我催眠：「已經

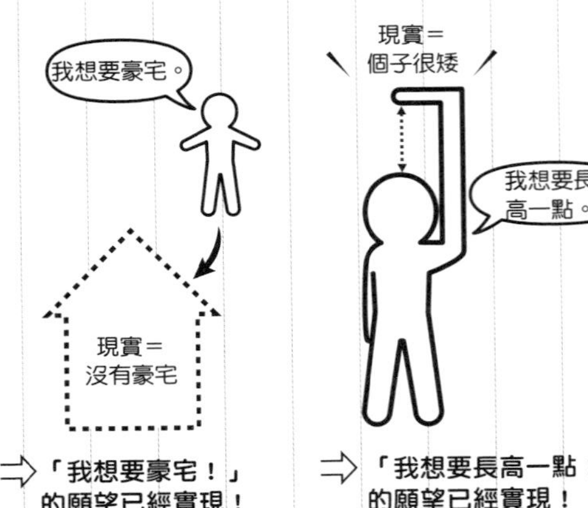
現實＝
個子很矮
我想要長
高一點。
「我想要長高一點！」
的願望已經實現！
我想要豪宅。
現實＝
沒有豪宅
「我想要豪宅！」
的願望已經實現！

做到」、「已經足夠」、「已經很豐盛」、「已經得到控制」、「已經達成」。

本論文推薦把焦點移到「充足」上的正確許願方法，而不是以往把焦點擺在「不足」的錯誤許願方式。

透過自我催眠修正焦點到「充足」上，就是所謂「意識到」的狀態。

放下（人類套裝的操作方法二）

不可思議的是，只要放下「想要得到更多」的心態，就會意識到自己其實「已經擁有更多」。而「擁有更多」的現實也將會開始成形。

放下「想要控制」的心態，試著相信「已經得到控制」。如此一來，就會實際體驗到已然得到控制的世界。這是最理所當然的原理，因為比起「想得到幸福」的人，當然是「已經很幸福的人」，處在「已經很幸福」的狀態下。

理解這個太過理所當然的**系統的人，也不會再許願「想要得到幸福」或「想要得到更多」**。因為「世界」會一〇〇%立即實現「(我)」的願望。

在考察這個思考實驗的過程中，我們對於以往學到如此錯誤的「許願方式」感到愕然。

以往總是被指導要改變眼前的「世界」，不斷祈願眼前的「現實」改變。但事實上，唯一能讓你的世界朝更好方向前進的原動力，是放下「想要改變」的心態，並開始相信「眼前就是最好的世界」。

順其自然，世界肯定無與倫比。

漸進式自我催眠法（操作方法三）

接下來，或許有人會想問，應該也有那種許願「想變」有錢人，結果真的變有錢人的人吧？究竟為什麼會發生那種狀況？

這個系統沒有「例外」，願望會一〇〇%在眼前持續實現。所以那個人只是在某個時間點開始相信「我已經達成」而已。

正因為她自我催眠：「我已經達

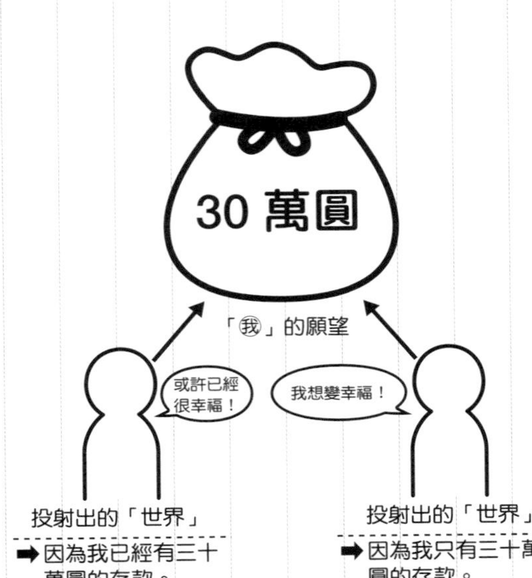
30萬圓
「我」的願望
或許已經很幸福！
我想變幸福！
投射出的「世界」
➡因為我已經有三十萬圓的存款。
投射出的「世界」
➡因為我只有三十萬圓的存款。

成。」才會在眼前看見「我已經成為有錢人」的現實。

她的起點或許是「我想成為」有錢人，之後她不斷努力打拚。

在經過一次次的「努力」之後，她漸漸開始自我催眠：「我已經成為有錢人。」

最初她自我催眠「我已經成為有錢人」的比例是零。

工作一年後，她開始自我催眠：「我已經成為有一點錢的人。」

五年後，她開始相信我「正在成為」有錢人。

七年後，她說：「我已經工作七年，應該『已經成為有錢人了』？」

在工作十年後，她以「我都工作了這麼久」為前提，終於完成「我已經成為有錢人」的自我催眠。

正如她自我催眠「我是有錢人」一樣，她也在眼前建構出有錢人的「現實」。

即使在這個案例中，**到頭來也只是「完成自我催眠」而已**。而本論文想表達的是，**有意識的自我催眠，能夠提供更快速的捷徑**。

從「想要成為」的起點出發，到開始相信「正在成為」，到完成「已經成為」的自我催眠，這種大幅縮短時間軸的「感謝」法，就是本論文推薦的方法。

感謝法（操作方法四）

從「想得到幸福」的錯誤願望，變成「已經很幸福」的正確願望；

從「想變有錢人」的錯誤願望，變成「我已經非常富足」的正確自我催眠；

從「想要控制」的錯誤願望，變成「已經得到控制」的正確自我催眠。

讓「自我催眠速度」加快的關鍵字，就是「謝謝」。

在神社等場所開口許願前，先說「謝謝」，就能讓後續的許願內容切換到「充足」的方向。

因為我們不可能說「謝謝，請保佑我發生更好的事」，也不可能說「謝謝，我想得到幸福」。

「想得到幸福」與「保佑我發生更好的事」都不可能接在「謝謝」後面，一定是先自我催眠「擁有」的充足，才說得出「謝謝」。

總而言之，我們以前的「願望」，全都在反映內心的不滿。因為對現狀並不感恩，才會許願：「保佑我順心如意。」

所有的願望都是「不足」，而「不足」會如你所願持續實現。

將「不足」切換為「充足」的方法，就是每次許願前、每次前往神社參拜時，都先說「謝謝」。

「謝謝，我已經很幸福。」

「謝謝，我已經非常富足。」

「謝謝，讓我能夠住在這麼井然有序的世界裡。」

只要這樣做，**所有願望都會自動變更為符合人類套裝理論的「正確許願方式」**。

每次許願前，都加一句「謝謝」。請不要忘記這個簡單的方法。

注意事項

經過更進一步的考察後，我們發現體驗「人類套裝」這個萬能模擬器的數個規則：

1. 完全消去從前的記憶，塑造出堅信「只有這個我才是我」的狀態，

2. 為了享受體驗的樂趣，必須有二元落差，

3. 眼前這個名叫「世界」的故事內容，必須對體驗者保密。

除上述內容之外，還有許多不同規則，但此處先簡單說明以上三項主要規則。

首先是第一項。

遊戲的滿足度與投入感成正比，正如日本遊戲製造商致力於讓體驗者投入遊戲世界一樣，「人類套裝」這個體驗型模擬器，也以創造投入感為第一要務。

所謂創造出完全的投入感，就是**設法不讓體驗者發現「這是遊戲」**。

如果體驗者在玩遊戲時知道「這只是遊戲」，遊戲就沒那麼好玩了。因此，體驗者必須忘掉進入人類套裝之前的記憶，並堅信這套穿在身上的人類套裝就是我自己。必須完全成為這個「(我)」，一心以為「我一直都是山田太郎，昨天也是、前天也是」，「我並沒有穿著人類套裝」。

相信這個體驗型模擬器「人類套裝」，已經成功創造出這種投入感。證據就是現在正在閱讀這篇論文的你，完全堅信「我就是○○○（帶入你的名字）」。

其次是第二項。

在遊戲或電影當中，如果沒有「落差」，體驗者便不會樂在其中。

如果每天從早被餵食鵝肝、牛排、魚子醬，體驗者恐怕不會覺得有趣，反而會感到痛苦。

因為肚子會餓，才會有進食的喜悅；因為有簡樸的飲食，才會創造出「山珍海味」。

「人類套裝」也是，**假如每天都只發生幸福的事，體驗者就無法意識到何謂「幸福」**。

因此，為了提高體驗者的滿意度，模擬器內的「世界」設計才有二元「落差」。

為了創造「快樂」才置入「痛苦」，也因為有「壞事」，才能產生對「好事」的認知。

沒錯，再怎麼努力還是會發生的「傷心事」，是為了讓體驗者「我」總有一天笑顏逐開才置入。

最後是第三項。

就像每一部電影都有劇情大綱，這個體驗型模擬器似乎也有固定劇本。時間、地點、人物、事件，全都已經決定好。

只是如果體驗者早就知道劇情設定是「下一個場面有陷阱」，故事就不好玩了。

陷阱當然要突然踩空才有意思。如果事先知道有陷阱，便一點意義也沒有。「人類套

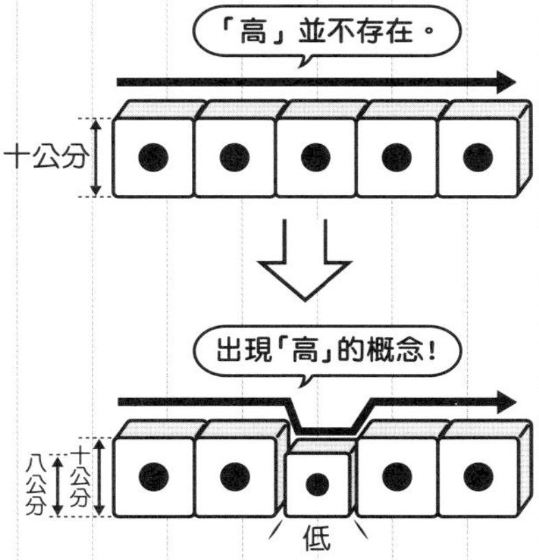

裝」也是，因為體驗者事先不曉得故事情節，才會覺得「頃刻間」或「有一天突然」發生不幸的事，但那只是事先設計好的劇情之一，只是為了讓體驗者「樂在其中」才設計的劇情，所以重要的是期待未來的故事發展。

人類套裝達人（真正的操作方法）

前面已經說明如何順利操作「㊣」與「世界」同時啟動的人類套裝，但其實那些全部都無關緊要。**因為「沒有順利操作的必要」**。

人類套裝的主要宗旨是「體驗」——經歷各式各樣的現象。

唯有主角經歷過「傷心」、「開心」、「難受」、「快樂」、「掙扎」和其他無數現象，才稱得上是「體驗」。

人類總希望只發生「快樂的事」。然而，正確享受「悲傷」的方式，就是「悲傷」。難得可以享受「悲傷」，就不需要勉強「歡笑」或「正面思考」。那種享受遊戲的方法是錯的。

「享受的方法」依狀況而異。

悲傷的正確享受方法就是「悲傷」；

焦躁的正確享受方法就是「焦躁」；

不安的正確享受方法就是「不安」；

逞強的正確享受方法就是「逞強」；

而喜悅的正確享受方法就是「喜悅」。

總之，地球上所有人類都已經懂得「享受的方法」，我們依然悲傷著、痛苦著、掙扎著。

人類即使遍覽群書，卻依然無法獲悉「順利操作人生的方法」或「完美駕馭人生的方法」，或許這是來自遊戲設計者最棒的禮物吧——這個遊戲不能活得稱心如意。

所以放心，

你每個當下都很完美，

你每個當下都是操作人生達人，

你是許願「想順利操作」，卻無法實現這個願望的人，

你是無可挑剔的人生達人。

請你反覆回想這件事。

請你在遭遇「悲傷的事情」時，稱讚「悲傷」的自己；

請你在遭遇「痛苦的事情」時，稱讚「痛苦」的自己；

請你在遭遇「煩惱的事情」時，稱讚「煩惱」的自己。

在經歷過這些循環後，你一定會在「快樂」發生的日子，成為「快樂」的你。

結論

以上，就是每個當下都一〇〇%持續實現「㊙」的願望的萬能模擬器「世界」，正啟動在每一個人眼前的事實。

雖然為了淺顯易懂地統整「㊙」與「世界」的關係，而採用科幻式的「人類套裝」思考實驗，但這套理論其實並沒有那麼脫離「現實」。

相信在全世界所有「㊙」的眼前，一定也都投射著對稱的鏡像「世界」。

撰寫本論文的三名研究生的心願，就是希望投射在所有鏡子上的「㊙」，臉上都掛著笑容。

結語
跨越正當性，不再向世界求正解

當初，我將這本書的主題設定為「惡」。

什麼是「惡」？我希望藉由探討其根本原因，幫助所有深受罪惡感所苦的人。概念也設定為「你一點錯也沒有」，就這樣從五月開始投入寫作。

然而不知為何，寫作過程非常不順利。寫寫刪刪，塗塗改改，反反覆覆。以往出版的八本書，最長也只要兩到三週就停筆。但這本書一直寫到六月，甚至到七月，都還在反覆修改。

「為什麼會這麼難下筆？」

一直到剛才，我才注意到原因（笑）。因為我選了「不存在的東西」當題目，所以根本不可能寫得出來。世上根本沒有所謂的「惡」，因為我自己就是有權決定「惡」與「善」的人。

決定向世界尋求正解的人，只會永遠困在迷宮裡。

但要取笑那個以「不存在的東西」為主題，還掙扎老半天的「佐藤蜜郎」先生，恐怕還有點太早。因為這正是數千年來人類「每天」重複的生活寫照——向外尋求正解，不斷地尋找「不存在的東西」。

例如，早上「㊙」起床。這個「㊙」存在嗎？

「㊙」一啟動，眼前絕對會出現「世界」。這個「世界」存在嗎？

「世界」與「㊙」都是不存在的東西。

這不管在腦科學、量子力學、最新的電影或過去的聖典中，都是早已被看破的不爭事實。

這一回在本書的「懷疑正當性！」的主題下，我試著以故事架構撰寫，希望讓每個人都能輕鬆讀懂其中寓意。

寫到一個瓶頸時，我曾努力試著在腦海中與「魔鬼」對話，但徒勞無功。

然而，當我讓各位認識的「天神」在故事中間登場，並修改一下語尾語氣，寫作過程就變得順暢許多，所以真正存在的應該還是那傢伙。所有的一切，不管是「天神」、「One」、「一體」或「奇異點」——不管怎麼表現都好，全都是祂的不同樣貌而已。

在現在這個當下，全體依然同時演出著所有的「部分」。

「你」就是「㊙」，「㊙」就是「全部」。

正因為是如此複雜的世界，才會讓人戀戀不捨，想一直探索下去——為了「分解」。然而，本書的魔鬼說，那個夢永遠都不會實現，說根本沒有「分解」，說人類不僅「無法分解」，也根本不可能「分解出來」。

「無法分解」——意思就是「答案」與「問題」依然在暗地裡勾結，沒辦法「分解」。

然而，如果同時保有「答案」與「問題」，兩邊都會崩毀。有「答案」的地方，不會湧現「問題」，因為「答案」會消去「問題」。

所以才只好提供分裂這種錯覺。為了「分解」無法「分解」的事物，無論如何都得看到幻覺才行。

一場用「無法分解（無法分裂）」的「答案」與「問題」來進行的遊戲。

本書所謂的「正當性」，指的就是「答案」。

事實上，那並不存在。雖然它並不存在，但如果不在心中設置彷彿存在的「正當性」，這個世界就不好玩了。

對此，本書的魔鬼提出疑問。

你所堅信的「正當性」，是絕對不可動搖的嗎？

不光是善惡或規則，甚至連一加一等於二這個「正當性」，你敢保證是真的嗎？

你敢保證只有你腦海中的回憶「正確」嗎？

當然，擁有「正當性」並非壞事。**只是「正當性」絕對會與其他「正當性」衝突**。

除此之外，由於所謂「正當」就是在宣告：「我只相信這個！」因此也會毀掉其他無限的選擇。認為只有眼前的路是「正確」的人，不管別人說什麼，都只會走在那條路上。但應該每個人都有這樣的經驗吧？一旦開始懷疑「正當性」，就會發現原本沒想到的「地下鐵」或「公車」才是更快的捷徑。

原本以為只有「我」才「正確」，結果錯了。懷疑「正當性」吧！只要那樣做就能發現，原來「我」這麼微不足道。原來就是「我」一直把自己鎖在狹窄的「世界」裡。

本書魔鬼威脅主角的固定台詞「把你變不見喔」，就是指把「正當性」變不見！

主角之所以感受到威脅，是因為對於「自我」來說，「正當性」是唯一不想被抹去的寶物。「自我」追求安定，因此除了已經保有的「正當性」，其餘的絕不願意接受。魔鬼看穿了「自我」的特性，才會威脅：「把你變不見喔！」

在我寫這篇文章的現在，腦中依然沒有關於「卡德魯」這位朋友的記憶，但那也不見得就是「正確的」記憶。

正如本書描述，我這輩子曾有過一次「記憶」斷片的日子。

那天早上醒來，我發現浴室的蓮蓬頭開著。瓦斯表已經自動停止，只剩「水」還一直流出來。一問之下，朋友說：「你昨天晚上在卡拉OK大爆走。」但「我」卻一點印象也沒有。

在朋友描述那件事的當下，又有另一個「我」正在發生。在「我」不在的地方，「我」究竟如何能夠確認那個「世界」？現代物理學很認真地在為我們探討這種離奇的現象。

「在觀測者觀測之前，那裡什麼也沒有」。

是「你」創造出眼前「世界」的一切。

雖然文筆拙劣，但若仍能準確傳達這些概念給你，筆者便已「滿足」。

因為不曉得文字數的「正當性」而寫得落落長，但在這個原則上連「㊙我」的存在都無法確認的世界……

我不願見到你過著捨去其他可能性，只對內心昭示「正當的」金科玉律的人生。

你的「正當性」是什麼？

請試著去懷疑，像不相信一加一等於二的愛迪生般懷疑「正當性」，並試著去相信其他「可能性」。在超越所有「正當性」的地方，有所有同為「㊙我」的夥伴在等你。

最後，再也沒有一本書像本書一樣，得到如此多人的祈盼。有眾多夥伴在世界各個角落祈盼著這本書「完成」。衷心希望光靠「本書」就能實現對那麼多祈盼的回報。希望在那些人期盼下成形的「本書」，能夠回到他們的手裡，滋潤他們的生活。

不知是偶然還是必然，我不經意地看了一眼日曆，發現這份與我朝夕相處的原稿，是在二〇一七年八月十四日這天終於要離開我，那是已超越所有「正當性」而去的家父忌日。既是偶然，也是必然。我並不想相信任何一邊的「正當性」。

在那霸老家、世界第一英雄的黑白照片前

佐藤蜜郎

慕的人」或「嫉妒的人」。

他們是你心中「正當性」的最後一道屏障。

在你能夠原諒討厭的人（壞人）時，奇蹟才會發生。

屆時，請參考魔鬼的數字：4 冊、9 冊或 13 冊贈書。

若大家一起過紅燈，那就是「綠燈」。

最後，我要告訴敬愛的你，「善」勢力已經蔓延得夠氾濫。

如今，世界需要的只有「惡（懷疑正當性的勇氣）」。

我迫切希望借用你的力量。現在就是以「你」為中心，率領「惡」軍團反擊的時刻。

我和「善」勢力不同，我將守護你到最後一刻。因為你是鼓起勇氣開始懷疑「正當性」、無可取代的「惡」的手下。

我要將感謝之意與黑暗能量一起，獻給「你」這個挺身對抗社會「正當性」的小小戰士。

魔鬼筆

POINT

英文 deviation（脫軌），是 devil 的語源。此處將脫離次元稱作「脫軌」，也就是與許多夥伴一起從正當性「脫軌」之意。

閣下的

號召更多脫軌夥伴！

a way to blow away your anger

給讀完本書的你：

現在，扎根在你心中的「正當性」已經開始動搖。

不過明天去公司以後呢？跟朋友聊完以後呢？告訴家人以後呢？

你一定又會開始頑固地相信「正當性」。因為人類是習慣團體生活的生命體，害怕「單獨一人」脫軌。你會再次被「善」勢力攏絡，失去無限可能。

因此，用你的力量，

號召更多脫軌夥伴吧！

也就是懷疑「正當性」的夥伴。當周圍的人開始懷疑「正當性」時，你身處的現實環境也會改變。

舉例而言，在婚姻制度下的「外遇」，放到懷疑其「正當性」的人群中，就形成「多邊戀」。

另外，有些懷疑金錢「正當性」的人，已經開始使用地方貨幣，在鄉下過著超越貨幣制度的生活。

光靠你「單獨一人」無法超越「正當性」。必須用你自己的話，詢問旁人：「『正當性』不是很奇怪嗎？」號召更多脫軌夥伴。

你可以只把這本書送給周圍的人，但我希望你主動創造討論機會。假如你有勇氣送這本書給身邊親近的人，不妨也送給「討厭的人」、「羨

與魔鬼聊天

悪魔とのおしゃべり

作　　者　佐藤蜜郎
譯　　者　劉格安
副總編輯　李映慧
編　　輯　呂佳昀

總 編 輯　陳旭華
電　　郵　ymal@ms14.hinet.net

社　　長　郭重興
發行人兼出版總監　曾大福
出　　版　大牌出版
發　　行　遠足文化事業股份有限公司
地　　址　23141 新北市新店區民權路 108-2 號 9 樓
電　　話　+886-2-2218-1417
傳　　真　+886-2-8667-1851

印務經理　黃禮賢
封面設計　萬勝安
排　　版　藍天圖物宣字社
印　　製　中原造像股份有限公司
法律顧問　華洋法律事務所　蘇文生律師

定　　價　450 元
初　　版　2019 年 4 月

國家圖書館出版品預行編目（CIP）資料

與魔鬼聊天：為什麼邪惡可能是種美德？最強魔鬼生存法則 / 佐藤蜜郎作；劉格安譯. -- 初版. -- 新北市：大牌出版：遠足文化發行, 2019.04
面；　公分
譯自：悪魔とのおしゃべり
ISBN 978-986-7645-66-1（平裝）
1. 修身 2. 生活指導

192.1　　108001321